공익을
경영
하라

무역협회 사례로 본 경영혁신 리포트

구본형

공익을 경영하라

을유문화사

세계 어디를 가든 공공조직은 보수적이고 느렸다. 사기업이 가장 잘하는 기업을 따라잡기 위해 필사적일 때, 공공조직은 자기보다 못한 조직을 보며 위안을 삼았다. 그래서 기회가 되면 비영리조직의 혁신 분야를 한 번 다루어 보고 싶었다. 그러나 당분간 기다릴 수밖에 없었다. 망설임의 이유는 심층적으로 연구해 볼 만한 매력적인 사례가 쉽게 눈에 띄지 않았기 때문이다. 정부부문과 준정부산하조직 그리고 학교나 병원처럼 공익성이 강한 비영리조직의 혁신 사례가 없는 것은 아니나 대체로 일반 사기업의 형식적 모방에 그치거나 아직 초보적 수준에 머물고 있었다. 그나마 객관적 신뢰도가 의심스러운 홍보의 차원이나 재미를 위해 극화된 사례가 태반이었다.

예상치 않게 무역협회의 혁신 사례를 접하게 되었다. 무역협회 경영혁신 10년의 역사 속에는 개혁과 혁신이 가지고 있어야 할 요소들이 고루 갖춰져 있었다. 그곳에는 위기가 있었다. 위기를 인식하고 미래를 창조하려는 리더들이 있었다. 갈등도 있었고 어려움도 있었다. 저항도 있었고 피도 있었다. 또한 비전이 있었다. 그리고 비전을 향하여 굽이굽이 펼쳐지는 로드맵도 있었다. 눈에 띄는 성공이 있었다. 그러나 무엇보다 그곳에는 그 일을 해낸 자부심 강한 사람들이 있었다.

이 책을 쓰면서 나는 다음과 같은 기본 방침을 정해 두었다.

- 정부기관을 포함하여 공공조직/비영리조직의 경영혁신에 폭넓게 적용될 수 있도록 범용성을 최대한 넓히는 것이 바람직하다.
- 일부 경영혁신 사례집들이 내부직원들조차 공감하지 못할 만큼 과장되거나 흥미 위주로 극화되는 경우가 많았다. 이것은 직원에게도 고객에게도 관련업계에도 도움이 되지 못한다. 따라서 의미 있는 객관적 자료를 활용하고 표현과 전개에 공정성을 기하는 것이 가장 기본적인 기술적 태도여야 한다.
- 각 장절의 제목과 소제목들을 명확한 메시지로 만들어 비영리조직들이 경영혁신을 할 때 꼭 참고해야 하는 원칙들로 가시화하는 것이 바람직하다.
- 각 장절의 끝에 간단한 '집필메모'를 달아 잊지 말아야 할 '키포인트'를 정리하고 독자 스스로 더 깊이 생각해 볼 수 있도록 배려한다. 또 마지막에 무역협회의 경영혁신 사례가 비영리조직의 경영혁신 일반에 줄 수 있는 교훈과 레슨을 달아 참고하게 한다.

이 책을 쓰면서 나는 이 기본 방침을 준수하려고 애썼다. 즐거운 과제였다. 특히 이 자리를 빌어 많은 도움을 주신 분들께 고마움을 전한다. 우선 무역협회 측은 내가 모든 자료를 적극 활용할 수 있도록 도와주었다. 무역협회의 관계자들은 잘한 것을 보여 주며 자랑하기도 했다. 그러나 부족하고 아프고 모자라는 것들도 주저하지 않고 내게 보여 주었다. 김재철 회장은 4번의 인터뷰에 흔쾌히 응해 주었고 객관적인 기록이 될 수 있도록 격려해 주었다. 이승 전 관리본부장은 인력조정의 뼈아픈 과정을 생생하게 전해 주었다. 박종만 본부장과 박양섭 이사, 김지영, 이기성 팀장은 유쾌하고 재치있게 지나온 순간순간을 되살려 주었다. 허덕진 차장, 정희철 과장, 김미경 대리는 귀찮고 어려운 주선과 부탁을 마다하지 않았다. 최원호 부장은 혁신 현장의 실무담당자로서 온 몸으로 겪은 혁신 10년의 모습을 가감없이 전해 주었다. 이분들의 도움이 없었다면 이 책은 세상에 나오지 못했거나 훨씬 부실한 모습으로 초라해졌을 것이다. 깊이 감사드린다.

또한 꽤 많은 무역협회 전·현직 직원들에게 감사의 말을 전하지 않을 수 없다. 그들은 유능하고 자부심 강한 사람들이었다. 인터뷰를 통해 변화의 주체였고 또한 대상이기도 했던 이분들의 고민과 갈등과 결단과 증언들을 듣지 못했다면 이 책은 결코 객관적일 수 없었을 것이다. 특히 혁신의 과정을 몸으로 치러내야 했던 증인으로서 애정 어린 조언을 아끼지 않았던 퇴직자 모임 참여자들, 꿈과 창조적 불만을 함께 가지고 있는 씩씩한 무역협회의 젊은 직원들, 혁신이 지나간 주요 현장에서 실무를 책임지고 있는 스마트한 중간 관리자들, 무역아카데미의 학생들 그리고 전화 인터뷰에 응해 주었던 무역협회의 고객들께 깊이 감사드린다.

두 명의 변화경영연구소 연구원들에게 또한 많은 도움을 받았다. 홍승완, 오세나 두 연구원들은 나를 밀착 지원해 주었다. 모든 자료를 정리하고, 외부 사례를 찾아 주었다. 그들은 열정적이고 유능했다. 그리고 을유문화사는 그동안의 출판 노하우를 이 책 속에 담아 내 훌륭한 책을 만들어 주었다. 60주년을 맞는 무역협회 10년 혁신의 역사를 60주년을 넘긴 을유문화사가 맡아 준 것은 아름다운 인연이 아닐 수 없다.

결국 이 책은 여기 관련된 모든 분들의 작품이다. 그러나 그 많은 도움을 받고도 더 단단한 책을 만들어 내지 못한 것은 저자의 부족함 때문이다. 앞으로 공익경영의 혁신을 다룬 신뢰할 수 있는 좋은 사례들이 더욱 많아지기를 바란다.

2006년 1월
구 본 형

왜 우리에게 공익경영의 혁신이 절박한가?

피터 드러커는 "사회적 책임을 지는 정부의 능력은 현저히 저하되었으며 비영리조직이 사회의 중심이 되었다"고 말한다. 아직은 시기상조의 해석인지 모른다. 그러나 세계의 대다수 정부가 표방하는 '작은 정부'가 산적한 사회적 도전과 문제를 도맡아 해결하는 주역의 자리를 계속할 것이라는 기대는 하기 어렵다. 정부의 실패는 도처에서 확인되고 있다. 그렇다고 기업이 이를 감당할 수는 없다. 그것은 이윤을 추구하고 경쟁력을 창출해야 하는 기업 본연의 목적에 맞지 않는 것이다. 사회적 문제와 도전에 대한 올바른 해답이 '정부'도 '기업'도 아니라면, 그것은 결국 별도의 새로운 '사회부문'이 될 수밖에 없다.

존스홉킨스대학의 레스터 설러먼Lester M. Salamon(1995)의 정의에 따르면 새로운 사회부문으로서의 비영리조직이란 "사적으로 관리되는 조직이지만 이윤을 추구하지 않고, 조직 구성원이 아니라 광범위한 공공을 지원하는 것을 목적으로 하며, 자원을 분배하는 것이 아니라, 다른 서비스 제공자들에게 서비스를 제공하는 조직"으로 정의한다. 설러먼이 '19세기가 민족국가의 시대'라면 그 이후는 '비영리조직의 시대'라고 표현했듯이 오늘날 비영리조직의 성장은 세계 각국의 보편적인 현상으로 나타나고 있다.

그러나 새로운 사회부문으로 등장한 비영리 공익조직들의 기능과 역할이 커지면서 공공조직 분야 속의 비효율성을 감춰 둘 수 없게 되었다. 혁신은 절박한 현실적 과제가 되었다. 이미 미국의 연방정부와 주정부조직은 물론 기타 비영리조직까지도 기업에서 활용하고 있는 경영혁신의 철학과 방법을 도입하여 적용하기 시작했다.

한국 역시 이러한 세계적인 추세 속에서 그동안 '작고 효율적인 정부'를 표방해 왔다. 그러나 실제로 중앙정부는 수축되어 가는 듯이 보이지만 정부가 통제하고 관리할 수 있는 준정부조직들은 오히려 팽창해 왔다. 전문가들은 그동안 정부산하기관들이 정부에 대해 인력, 재정, 조직, 정보 등 다양한 자원을 제공하여 조직의 생존 및 팽창을 도모해 왔다고 주장한다. 반대로 정부는 정부산하기관의 자원을 이용하여 정책목적달성에 동원하고 있다는 것이다. 또한 퇴임하는 고위 공무원들의 노후문제를 해결하는 인사관리의 방법으로 활용하고 있으며, 이것을 통제하는 위치에 있는 의회 및 정치권 역시 산하기관에 대한 낙하산 인사를 통해 선거에 대한 논공행상 수단으로 활용하고 있다는 비판이 제기되어 왔다. 이와 같이 정치, 행정, 산하기관 간의 이익이 서로 일치하여 정부산하기관은 필요 이상의 규모로 크게 팽창해 왔다. 작은 정부로 되어 가는 것처럼 보이지만 실제로는 분봉효과로 인하여 공공부문의 범위가 확대되는 문제점이 지적되면서 정부산하기관의 개혁이 공공부문 개혁의 제1순위가 되어야 한다는 지적을 받아 왔다.

실제로 1998년 9월에 KDI에서 실시한 「공공부문 개혁에 관한 경제 전문가 및 일반 국민 여론조사」에 의하면, 각종 정부산하기관 개혁이 가장 시급한 분야로(28.7%) 지적되고 있다. 더구나 산하기관에 공기업과 정부출연연구기관을 포함할 경우 응답자의 과반수 이상(51.6%)이 개혁이 가장 시급한 분야로 산하기관을 지적하고 있다. 결국 정부산하기관 개혁은 김대중 정부 이후 줄곧 공공부문 개혁의 과제가 되어 왔다.

그러나 그 결과는 매우 미흡하고 형식적 수준에 머물렀다. 정치적 타협과 면피의 수준을 크게 벗어났다고 보기는 어렵다. 오히려 경영혁신을 통해 더욱 방대하고 방만한 비전문적 다각화가 혁신의 이름으로 행해져 홍보된 경우도 있었다. 시장의 자율과 시민의 참여라는 국가 전체의 방향을 감안할 때 정부산하기관에 대한 일반의 관심과 인식이 높아지고 있다. 이제 더 이상 비효율과 비경제성을 방치할 수 없게 된 것이다. 미룰 수 없는 근본적인 개혁과제가 되었다. 정부를 포함하여 준정부산하기관 및 비영리조직은 이러한 환경의 변화와 세계적 추세에 따라 조직의 존재 이유를 묻고, 경영 마인드를 도입하고, 혁신을 통해 지속적으로 조직의 경쟁력을 향상시켜야 될 결정적 순간에 진입하게 된 것이다.

비영리조직으로서 무역협회의 경영혁신 사례가 가지는 의미

세계의 어느 강에도 뒤지지 않는 넓고 아름다운 한강이 유유히 흐르는 강남의 가장 비싼 자리에 거대한 건물을 가지고 있는 무역협회는 한국에서 가장 부유한 비영리조직 중의 하나다. 이만한 규모를 가지고 있는 사적인 공익조직으로서의 무역협회는 한국에서뿐 아니라 세계 어디에도 없다. 그러나 무역협회가 처음부터 이렇게 부자 조직은 아니었다. 틀림없이 어떠한 비영리조직보다 쉽고 안정적인 재원에 의해 풍요로움을 누린 조직이었던 것은 분명하지만 이 조직 역시 풍요 속에 숨어 있는 거대한 위기를 풀어 나가지 않으면 안 되는 어려운 순간들을 가지고 있었다. 지금 무역협회에 몸을 담고 있는 오래된 직원들은 무역협회가 필요한 순간마다, 그리고 위기의 순간마다 훌륭한 선택과 혁신의 노력을 할 수 있었기 때문에 지금처럼 번영의 길을 걸을 수 있었다고 말한다. 그것은 무역협회를 찬양하는 사람이든 비판하는 사람이든 거의 공통적인 소견이었다. 특히 무역협회의 경영혁신은 4가지 특성으로 나를 유혹했다.

첫째는 정부나 관련기관의 지시나 강제에 의해 시작한 타율적 혁신이 아니었다는 점이다. 무역협회는 IMF 금융위기 이전부터 절박한 생존의 길을 모색해 오고 있었다. 따라서 그 혁신은 형식적인 수준에서 디자인되거나 정치적 배려를 통한 타협이 아니었다. '혁신革新'이라는 말 그대로 '가죽을 벗겨 새로워지려는 아픔'이었다. 실제로 정부의 관련주무부서에서 경영혁신을 독려하면서 20%의 인원 삭감을 요구하여 왔을 때 무역협회는 독자적 판단과 계획에 의해 이미 30% 이상 인원을 감축했고, 조직 축소 등 구체적인 경영혁신을 진행한 후였다. 실제로 인력구조조정은 초기에 격렬한 아픔을 수반하는 절개와 깊은 상흔을 남긴 냉정한 결단이었다. 그러나 그들은 혁신을 시작한 지 5년 만에 신입직원을 뽑을 수 있는 여력이 생겼다. 강제 퇴출 없이 자연퇴직률의 수준에서 젊고 새로운 피를 받아들일 만큼 적정 인력구조를 유지할 수 있게 된 것이다. 이는 강제적인 양적 인력조정이 필요했던 단계에서 자연스러운 상시적 신진대사가 가능한 건강하고 날렵한 조직으로 질적 진화를 해 왔다는 것을 의미했다.

둘째는 단단한 지속적 혁신 과정을 거쳐 왔다는 점이다. 혁신은 이벤트로 끝나지 않았고 10년 동안 단계적段階的이고 다면적多面的으로 이어졌다. 무역협회는 두 차례에 걸쳐 외부전문기관으로부터 경영혁신의 방향과 방법을 자문받아 비전을 설정하여 선포했다. 또한 이의 구체적 실현을 위해 종전과는 다른 새로운 사업을 전략적 핵심 사업으로 설정하고 모든 역량을 집중 투입했다.

이러한 과정을 거치면서 그들은 독자적이고 견고한 경영혁신체계와 역량을 구축해 가기 시작했다. 그들은 계속했다. 계속한다는 것, 바로 혁신 그 자체를 일상화해 왔다는 것이 무역협회의 커다란 강점이었다.

셋째는 사람의 생각을 바꾸고 행동을 바꾸는 일에 최우선적 중점을 두었다는 점이다. 그들은 조직의 체계를 바꾸고 시스템을 구축하는 체계적인 하드웨어의 혁신 이전에 새로운 패러다임을 이해하고 수용하는 의식혁명의 필요성을 통감했다. '생각을 바꾸지 않으면 목을 바꿔라.' 이것이 개혁을 주도하는 사람들의 절박하고 단호한 입장이었다. 사람이 바뀌면 무엇이든 결국 해낼 수 있다는 믿음이 있었다. 한 번도 빠지지 않고 화요포럼을 매주 개최했고 매월 경영양서를 읽고 토론하는 과정을 통해 경영 마인드를 도입하고 숫자가 새로운 경영언어가 되게 했다. 새로운 의식과 정신적 태도의 개혁이 먼저 조직 전체로 확대되어 나가게 했다. 그리고 의식변화를 바탕으로 조직을 바꾸고 프로세스를 바꾸고 평가 시스템을 구축하고 제도를 바꾸어 조직효율을 높여 갔다.

넷째는 지속적 혁신 과정을 통해 갈등과 대립의 노사관계가 상생의 국면으로 전환되는 쾌거를 이루었다는 점이다. 나는 이 점에 주목하지 않을 수 없었다. 노사의 대립과 투쟁은 전쟁이나 다름없고 전시에는 일상의 원칙이 지켜지지 않는다. 극렬한 언어는 한 조직을 양분하고, 모함은 신뢰의 바닥을 뒤집어엎고, 끝없는 소송은 서로를 피폐하게 한다. 그러나 무역협회는 이 과정을 견뎠고, 서로 돕는 파트너로서의 공감과 동의를 구축하는 데 성공했다.

정부는 '경영혁신 우수사례'로 추천을 하고 널리 알리자고 제의했으나 무역협회는 정중하게 거절했다. 그것은 누구에게 보이기 위한 제스처가 아니었다. 생존을 위한 '실제상황'이었던 것이다. 이 자율성과 절박함이 내 눈길을 끌었다.

나는 무역협회의 사례를 심층적으로 다루어 보기로 했다. 사례를 다루면서 나는 이 사례가 과거의 방만에 대한 진검 승부였다는 것을 확인했다. 혁신은 홍보가 아니다. 조직은 생명을 가지고 있는 유기체이며, 혁신은 환부를 도려내는 정교한 수술이며, 이어지는 재활 훈련이다. 환상이나 과장이나 왜곡은 허용되지 않는다. 혁신은 '하면 좋은 것nice to do'이 아니다. 그것은 '살기 위한 필사적 노력survival issue'인 것이다. 변화는 생명에 관한 주제이며 바로 생명을 살리고 번창해 가기 위한 힘들고 진지한 작업이다. 죽음조차도 생명의 관점에서 쳐다보아야 하는 다시 태어남의 과정인 것이다.

무역협회의 경영혁신 사례는 변화의 무풍지대 속에서 갑자기 위기에 직면하게 된 한 비영리조직이 생사와 성장의 문제를 풀어 가는 10년의 혁신 과정에 대한 기록이다. 무역협회의 공익경영혁신 사례는 정부산하기관과 마찬가지로 이미 변화의 와류 속으로 급속하게 휘말려 드는 한국 비영리조직의 혁신에 의미 있는 전범典範을 제공해 줄 것으로 생각한다.

Contents

3. 공익의 목적 역시 '고객을 돕는 사업'이다

60년 전 무역진흥을 위해 무역협회는 탄생했다. '수출입국輸出立國'이라는 국가적 비전을 수행하는 공익민간단체로서 초기 50년 동안 무역협회는 변해야 할 이유가 없는 가장 안정적이고 보수적인 조직이었다. 조직을 운영하는 자금은 안전한 탯줄을 타고 흘러들었다. 무역업자가 만 원어치의 물건을 수입하면 그중에 14원은 무역협회의 수중으로 들어왔다. 이 중 10원은 무역증진을 위한 특별계정으로 편성된 이른바 특계자금이었고 4원은 특수회비의 명목이었다. 한때 특계자금과 특수회비는 한국에서 무역이 존재하는 한 계속해서 들어오는 화수분으로 인식되었다.

만일 특계자금이 없어지고, 강제규정에 따른 회비마저 사라진다면 무역협회는 어떻게 될까? 설마? 농담이겠지. 그러나 유감스럽게도 그것은 진담이었다. 여론은 특별회계항목에 대한 감사의 필요성을 주지시켰고, WTO체제는 국제화·개방화를 가속화시켰다. 정부의 지원은 사라졌고, 강제적 가입비는 임의가입제로 전환되었다. 결정적 위기였다. 당신이 만일 그 당시 조직을 이끄는 리더였고, 관리자였고, CEO였다면 어떻게 이 문제를 해결해 갈 수 있었을까?

1

수익이 공익을 돕게 하라

01 방만은 공익에 대한 배신이다

삼성동 무역협회에 가서 아무나 붙들고 "당신, 원가가 얼마요?" 하고 물어보라. 그러면 금방 그 답을 얻을 수 있을 것이다. 무역협회 직원들의 책상, 다이어리 등에는 '분단가分單價', '시단가時單價'라는 특별한 자료가 붙어 있다. 그리고 어떤 직원은 지갑 속에도 이 자료를 접어 넣고 다닌다. 말 그대로 회사가 실제로 지불한 개인별 노동비용 및 단가를 분分 단위, 시時 단위로 기록한 것이다. 가령 1분에 1,000원의 분단가를 가진 직원이 5분 동안 담배를 피웠다면, 5,000원짜리 행위를 한 것이다. 한 시간 동안 일했다면 6만 원 어치를 일한 셈이다. 모든 행위는 돈과 직결된다. 시간과 비용을 연결시킴으로써 효율적인 시간관리를 통한 생산성 향상을 유도하기 위한 것이다.

1. 당신, 원가가 얼마요?

김재철 회장은 직원들에게 "인단가人件費는 뭐고 물단가物件費는 무엇이냐?"는 질문을 자주 던지면서 원가의 중요성을 강조한다. 인단가는 인건비 관련비용이며 물단가라 함은 사무실 사용 기회비용 및 관리비용 등의 간접비용이다. 그가 원가에 집착하는 이유는 그것이 비즈니스 마인드의 가장 기본이라는 믿음 때문이다. 동원그룹의 창립자이기도 한 그는 원양어선의 선장에게도 이것을 주지시켰다고 한다. 배 한 척이 바다에 나가 조업을 할 때 들어가는 인건비, 기름값, 유지관리비, 감가상각비 등을 계산해 보면 얼마만큼 고기를 잡아야 수지타산이 맞는지 선장들이 생각해 보게 했다는 것이다. 그동안 선장이란 배 타고 나가 고기를 잡아 오는 것이 본업이었다. 고기만 잡아 오면 되었지, 비즈니스가 되고 안 되고는 그들이 고려해야 할 문제가 아니었다. 그러나 김재철 회장은 선장 역시 원가 개념을 가지고 있는 비즈니스맨이기를 기대했다. 이 개념은 그들이 일하는 방법, 일하는 태도를 결정하는 결정적인 요소 중의 하나라는 것이 그의 믿음이기 때문이다.

무역협회의 직원 역시 자신들이 돈을 버는 비즈니스맨이라는 개념을 가지고 있지 않았다. 이익집단이 아닌 공익집단이었고 그들이 하는 일은 돈 버는 일과는 아무 관련이 없는 회원 서비스였다. 누구도 자신의 일에 원가와 수익의 개념을 적용해 보지 않았다. 그러나 이제 무역협회의 직원들은 자신의 몸값과 시간 간의 관계를 연결하는 원가 개념을 가지게 되었다.

원가 없는 경영 없다

시단가, 분단가는 무역협회가 실제 지불한 인건비(현금급여＋연간 퇴

노동비용내역 및 단가(1999년도)

무역협회 임직원들의 효율적인 시간관리 및 생산성 제고를 위하여 산정한 귀하의 1999년도 노동비용내역 및 단가는 다음과 같습니다.

1999년도 노동비용 및 단가

분 단가*	시 단가**	연간 노동비용				
		인건비(A)			복리후생비(B)	연간총액(C)
		현금급여	퇴직금	계		

* 연간 노동비용총액을 실근로시간(연 2,503시간, 150, 189분)으로 나눈 수치임
** 실근로시간 : 소정근로시간에 추가근로시간(시간외 근무, 준비 및 정리시간)을 합산하고, 휴게시간을 제한 시간(국내근무자의 평균치를 기준)

직금 발생액) 및 복리후생비를 실근로시간으로 나누어 산정한다.

처음에 직원들의 반응이 우호적일 수 없었다. "취지는 알지만 너무한 것이 아닌가?" 하며 냉소적이었던 직원들이 많았다. 비영리조직에 기업의 논리를 가져다 대는 것에 논리적인 동의를 하지 못하는 직원 역시 많았다. 그러나 원가 개념은 끊임없이 확인되고 강조되었다. 사업보고서 첫 장에 노동비용을 기입하도록 했고 부서장과 임원에게 회장은 수시로 "당신의 원가는 얼마요?"라고 질문했다. 개인의 활동에 대한 원가 개념은 이제 무역협회 직원들의 당연한 계산 방식이 되었다.

경영 마인드 제고를 통해 원가에 대한 인식으로 무장한 직원들은

적합한 공익사업에 대한 자원의 효율적 배분에 눈을 뜨게 되었다. 이제는 노동비용을 스스로 산정하도록 하여 경영에 대한 관심과 이해도를 높이고 자발적이고 효율적인 업무 수행을 유도하고 있다. 앞의 표는 무역협회 직원이라면 누구나 받게 되는 노동비용 통지서다.

2. 경영의 기본언어 - 재무와 회계

원가에 대한 개념을 단순한 지식이 아니라 현장에서 작동하는 개념으로 만들기 위한 노력은 여기에 그치지 않는다. 무역협회 임직원에게 회계 기초지식이 강조되었다. 신입직원 면접장에도 차변, 대변의 차이를 설명하라는 질문이 주어졌다. 재무회계팀 핵심평가지표KPIs에는 '임직원의 회계 마인드 및 능력 제고' 지표가 등장하게 되었다. 이런 주문은 현업팀을 중심으로 회계에 대한 공부 열풍으로 점화되었다. 회계에 대한 관심이 높아지자, 전직 재무 관련팀 출신인 노조위원장이 신입직원 및 젊은 직원들을 대상으로 회계교육을 자체적으로 실시하기도 했다. 회계교육은 급기야는 전 임직원 대상의 회계 기초지식 평가시험으로 이어졌다. 시험 공고 후 재무회계팀에서는 업무 후 시험대비 특강을 개최하였다. 자발적이고 야간에 실시되는 특강임에도 임원을 포함, 연 180여 명에 가까운 인원이 고단한 몸을 이끌고 수강하고, 미수강자는 그룹웨어에 게재된 특강대비 음성 자료를 청취하기도 하였다. 노조위원장이 출제한 회계역량제고시험대비 예상문제가 인기리에 높은 조회수를 기록하기도 했다.

2005년 7월 22일, 전 임직원은 물론 계약직 직원까지를 대상으로 1시간 동안 시험이 실시되었다. 시험에는 본부 근무자의 거의 대부분인 172명이 응시하였다. 쉽지 않은 전문 분야 시험임에도 평균 80점 이상의 높은 점수를 기록하였다. "왜 이리도 회계, 회계 하는가!"라며 불만을 표현했던 임직원들도 경영의 기본언어라 할 수 있는 '대차대조표' 등 재무제표를 이해하고 판단할 수 있을 정도의 회계역량이 강화되면서 이러한 것들이 실제로 업무에 도움이 된다는 것을 깨닫기 시작했다.

숫자를 알아야 성과도 안다

숫자는 매우 중요한 경영언어다. 그것은 수익을 표현하는 가장 정확한 언어이며 기준이다. 경영실적의 보고시에도 수익성의 기본인 정확한 숫자 표현이 중시되었다. 김재철 회장 취임 초, 임원 중 한 사람이 업무 보고를 하다 무심코 '열대여섯'이라 표현한 적이 있었다고 한다. "열다섯이면 열다섯이고 열여섯이면 열여섯이지 열대여섯은 무엇인가!" 하는 질책이 따랐다. 이후로 무역협회의 보고에서는 '가량', '정도'라는 낱말에 대한 강박관념이 생겼다고 한다. 정확한 '수치'를 제시할 수 있는가가 중시되었으며 숫자를 잘 아는 것이 경영관리부서 임직원의 역량을 판단하는 새로운 기준으로 추가되었다.

숫자를 중요하게 생각하는 태도는 성과와 직결되었다. 그것은 실천적 언어였다.

- 성과 없는 일은 규정에 있어도 다시 생각해 봐라.
- 전시효과나 외형적 사업은 전시장에나 보내라.
- 백 건의 이론보다 한 건의 성과가 중요하다.
- 성과에 집중하라. 그리고 최선을 다한 결과를 널리 알려라.

성과 있는 사업에 핵심 역량을 집중시키는 경영 마인드가 비영리 조직인 무역협회에도 도입된 것이다. 또한 내실 있는 성과가 있으면 적극 알리고 자랑하는 공격적인 홍보마케팅을 통해 조직의 인지도와 가치향상을 도모하였다. 이러한 노력은 조직의 브랜드 파워의 상승을 가져왔으며 새로운 패러다임의 신규사업을 진행하는 원동력이 되었다.

성과 노이로제에 걸릴 정도로 모든 일은 성과로 말해야 했다. 다양한 방법을 동원하여 성과를 측정하고 개선해 나갔다. 경비절감액, 상담액 등의 객관적인 수치는 말할 것도 없고 고객만족도 평가, 외부공인평가기관의 측정 등 가능한 모든 계량적 평가가 도입되었다. 평가자의 주관성이 들어갈 수밖에 없는 정성적 평가 역시 다양한 측정 방법이 동원되었다. 가장 고전적인 개선 모토인 '측정할 수 있으면 개선할 수 있다'는 정신으로 무장되어 갔다.

왜 이토록 숫자와 성과와 수익과 고객과 브랜드에 집착하게 된 것일까? 이것을 이해하기 위해 우리는 10년 전 무역협회가 직면했던 위기의 현장으로 가 볼 필요가 있다.

3. 아무도 도와주지 않는다, 홀로 서야 한다

1946년 설립된 무역협회는 무역의 진흥과 발전을 위해 설립된 비영리조직이지만 실제로 준정부조직의 성격을 가지고 있었다. 수입부담금은 1997년 1월 1일부터 대외무역법의 개정으로 수출입 승인제도의 폐지와 함께 소멸되게 되었다. 더욱이 무역자유화 조치에 따라 무역협회의 가입이 자유화되면서 회원수의 감소 및 재정수지의 악화로 무역협회는 재정적 자립 없이는 먹고살 수 없는 기로에 놓이게 되었다. 특계자금이 없어지는 것이 기정사실화된 상태에서, 앞으로 먹고살 일이 문제였다. 구평회 회장 시절 대책 마련을 위해 별도의 담당팀이 조직되었다. 프로젝트 명은 '뉴 프로젝트'였다. 이승 전 관리본부장이 5명의 팀원을 데리고, 컨설팅 그룹들과 작업을 해 나갔다. 이 팀들은 미래를 찾기 위해 노력했다. 여러 사업을 검토하고 가능성이 있는지 타당성을 분석했다. 결국 가지고 있는 자산과 시설을 확충하여 활용하는 쪽으로 방향이 잡혔다.

어느 날 이 프로젝트는 우연히 최고의 기회를 얻게 되었다. 이승 전 관리본부장은 이때의 기억을 다음과 같이 생생하게 전해 주었다.

"무역협회가 앞으로 먹고살아야 하는 일에 대한 타당성 조사가 어느 정도 마무리된 시점의 어느 날이었다. 집에서 TV를 보는데 김영삼 전 대통령이 인터뷰를 하고 있었다. 당시 대통령은 영국 런던에서 열린 제2차 아셈에 참석하고 있었다. 대통령은 인터뷰에서 '다음 아셈(Asia Europe Meeting, 아시아유럽정상회의)은 한국에서 하겠다'고 말했다. 내 머릿속에서 아셈과 우리가 찾은 사업이 연결되었다.

얼마 후, 아셈 유치를 정부에서 공식적으로 발표했다. 그와 동시에 우리의 프로젝트 명은 '뉴 프로젝트'라는 모호한 이름에서 구체적인 목표를 가진 프로젝트로 전환되었다. '아셈 및 무역센터 확충사업' 프로젝트가 발족된 것이다. 정부에서 아셈을 유치할 곳을 공개 모집했다. 유치 경쟁은 치열했다. 지자체에서는 유치를 위해 유력인사가 총출동했다.

우리도 아셈 유치를 위해 열심히 노력했다. 당시 우리는 몇 가지 크고 작은 강점을 가지고 있었다. 첫째는 정부가 '3년 이내에 완벽히 준비할 수 있는가'를 중요한 선정기준으로 삼았는데, 기본적으로 우리는 기반시설과 풍부한 경험을 갖고 있었다. 더욱이 이미 경제적 자립을 위한 신규사업에 대하여 타당성 조사를 마무리한 상태였다. 경쟁자들이 이제 첫걸음을 시작할 때 우리는 벌써 저만치 달리고 있었다. 우리는 훨씬 더 구체적이고 명료한 계획을 제출할 수 있었다.

둘째는 아셈 행사가 끝나고 엄청난 돈을 들여 만들어 놓은 해당 시설을 다양한 방식으로 운영할 수 있는 가장 우수한 업체가 우리였다. 우리는 컨벤션전시사업에 대한 경험이 다른 경쟁 지자체보다도 상대적으로 풍부했다. 결국 우리는 아셈 유치에 성공했다."

1996년부터 본격적으로 실시된 재정적 자립을 위한 노력은 '아셈 및 무역센터 확충'이라는 대형 프로젝트를 수주하는 결실을 맺게 되었다. 이렇게 하여 건립된 아셈컨벤션센터는 아셈을 비롯한 국제회의의 장소로 활용될 뿐만 아니라 국제 수준의 전시장으로 활용되고 있다. 이는 전시공간의 부족으로 어려움을 겪고 있는 중소기업의 전시공간을 확보하고 무역 인프라를 구축하는 것에 기여하

였다. 그리고 또한 무역협회의 자립과 도약을 위한 훌륭한 계기가
되어 주었다.

4. 수익원을 확충하라, 그리고 철저히 감량하라

그러나 아셈 확충공사를 끝내고 아셈회의를 유치하는 것으로 자립
과 성장이 보장된 것은 아니었다. 빌딩 하나를 지어 그것을 활용한
다고 하여 자립이 보장되는 것이 아니었던 것이다. 더욱이 무역협
회는 본연의 목적을 가진 공익조직이었다. 자립 기반 위에서 '한국
무역의 길잡이'라는 비전을 구현하여 명실상부한 비영리 공익조직
으로 성장해야 한다는 과제를 안고 있었다.

　　먼저 자립해야 했다. 아셈 확충공사에는 7,800억 원의 공사대금
이 소요되었다. 여러 가지 절감 노력에도 불구하고 2,000억 원 정도
의 차입금이 발생했다. 결국 모든 것을 줄여야 하고 낭비적 요소를
없애야 했다. 동시에 모든 가능한 수익원을 찾아내야 했다. 그들은
성공했다. 순 보유자금이 차입금보다 많아지는 흑자원년黑字元年을 4
년이나 단축하여 2003년에 달성하였다. 이렇게 축적된 자원을 전자
무역 인프라 구축, 해외복합무역 지원 네트워크의 확대, 아카데미
캠퍼스 확충 등 '5대 핵심 사업'을 지원하는 다양한 무역 인프라의
구축에 집중했다. 아울러 회원 서비스 강화 등 보다 많은 사업을 모
색하고 추진할 수 있게 되었다. 수익원의 확충으로 회원들에게서
받는 회비는 점차 규모를 줄여 나갔다. 현재 예산에서 회비가 차지
하는 비율은 5% 미만이다.

2003년 7월, 당시 재무회계팀에서 세무회계 업무를 담당하던 김경용 차장은 매년 50~60억씩 납부하는 법인세를 절감할 수 있는 방안에 대하여 특별한 관심과 의욕을 가지고 연구하기 시작했다. 그러다 그는 매우 중요한 점에 착안하게 되었다. 전시컨벤션센터는 일반 업무시설에 비하여 건축물의 특성, 구조 및 용도 면에서 적재하중과 건물피로도가 현저하게 높다는 것을 알게 된 것이다. 당시 전시컨벤션센터의 감각상각 내용연수는 일반 건물과 마찬가지로 40년이었다. 김 차장은 유사 사례를 조사하여 협회의 적용 가능성 여부를 검토하였다. 고문회계사의 자문을 거쳐 재경부 등 관련부처와의 업무협의를 통해 전시컨벤션시설의 조기 상각 건의를 하게 되었다. 2004년 3월, 전시컨벤션시설에 대한 조기 감가상각 입법화를 통해 전시컨벤션시설의 내용연수는 종전의 40년에서 20년으로 줄게 되었다. 감가상각 내용연수를 절반으로 줄임으로써 법인세 절감 효과는 향후 15년간 36억 원에 이를 것으로 추산된다. 엄청난 절감 효과가 한 직원의 의욕적인 연구와 제안에 의해 이루어졌다. 김 차장의 노력은 비단 무역협회의 이익뿐 아니라 초기 성장단계에 있는 전시컨벤션 산업의 육성 및 발전에 도움을 주는 새로운 기준을 제공하게 된 셈이다.

자금을 건실하고 알차게 운용하라 : 자금운용의 건전성, 수익성 제고

원가 개념과 회계 등 숫자와 친해지면서 경영 마인드를 갖추는 것은 중요한 일이다. 그러나 중요한 것은 실제 업무에 바로 적용될 수 있도록 실천적이어야 한다는 점이다. 실천 강령과 투명한 장치가

있어야 현장에서 실무적 차원의 재무경영이 이루어질 수 있게 마련
이다. 우선 2000년에는 회계 및 세무 업무의 전산화를 통해 업무 효
율성을 제고하였다. 회계 및 예산관리 프로그램 간 연계를 통해 회
계정보의 정확성과 유용성을 확대하였다.

숫자와 회계에 대한 강조는 자금관리에 있어서도 '자금운영요령'
과 '자금 일계표'라는 방식을 통해 실천적으로 현장에서 구현되었
다. '자금운영요령'이란, 이전까지 특별한 관리기준이 없었던 자금
관리에 있어서 3개 기관 이상의 운용수익률을 조사한 후 기관의 안
정성을 고려하여 자금을 맡기는 것이다. 자금운용기관의 선정 조건
및 절차를 명확하게 하고, 책임소재를 명시하고 기준을 확립하여
자금운용의 투명성과 효율성을 도모한 것이다. '자금 일계표'라는
것은 매일매일 자금이 어떻게 들어오고 얼마가 나갔는지에 대한 일
일점검표이다.

차입금 상환을 위해 아셈빌딩의 임대 방식과 지분 참여 방식 역
시 바꾸게 되었다. 과거와 달리 '전세식 임대제'도 운영하였다. 또한
다른 수익원의 확보를 위하여 무역협회가 출자한 인근 호텔, 백화
점의 소유 지분에 대해 합리적인 배당금을 요구하였으며, 신규로
건물을 지을 때는 지분 참여가 아닌 토지 임대료를 받았다. 효율적
인 자금의 차입을 위하여 '단기 차입'을 실시하였으며 안전상의 보
완장치를 별도로 마련해 두었다. 채권에 대한 위험관리도 철저하게
실시하여 대우채 부도 등에서도 안전할 수 있었다. 이런 노력을 통
해 무역협회는 재정적 자립은 물론 자금운영의 투명성과 효율성도

함께 제고함으로써 자산규모에 걸맞은 건실한 재정 인프라와 운영
노하우를 축적할 수 있었다.

5. 성과 있는 일을 효과적으로 하는 것, 이것이 경영이다

무역협회는 모든 사업에서 전시행정 등의 겉치레를 제거하려 노력
했다. 그들은 그것을 '실사구시경영實事求是經營'이라 불렀다. 철저한
자금관리와 성과를 통하여 중소기업과 정부의 수요를 충족시켜 나
갔다. 단순히 '줄여라, 아껴라'가 아니라 성과 없이 비용이 많이 들
어가는 사업을 접고 적은 비용으로도 큰 효과가 있는 사업에 투자
를 확대한 것이다. 이전까지는 사업을 크게 벌이는 사람이 '일을 잘
하는 것'으로 평가되었지만 이제부터는 '성과가 있는 일을 얼마나
효과적으로 하였는가'가 업무평가의 핵심기준이 되었다.

　사업계획에 있는 일이라도 성과가 없으면 다시 생각하고, 계획에
없을지라도 꼭 필요하거나 성과가 있을 만한 것은 새로 예산을 수
립해서라도 반드시 이루어 내는 것이 권장되었다. 예를 들어 만년
적자사업으로 알려져 있는 전시회의 운영에 있어서도 2년간은 아
낌없이 투자하되 3년차에는 반드시 성과를 내어 자립할 수 있도록
운영하였다. 개최 3년 만에 운영수지 흑자를 기록하고 국제전시연
맹UFI의 인증을 받아 국제적 명품으로 인정받게 된 '서울국제스포
츠레저산업전SPOEX'과 '국제보석시계전Jewel Fair Korea'이 바로 그
예이다.

돈보다는 머리를 써라

일을 생각하고 추진함에 있어 '물량 위주의 사업수행'에서 탈피하여 '돈보다는 머리를 쓰는 새로운 일의 방식'을 찾고 장려해 나갔다.

한 예로 매년 열리는 국화전시회에는 매년 7~8억 원의 비용이 소요되었으나 효과가 크지 않았다. 비용을 줄일 수 있는 방안을 찾던 협회는 가을이 되면 동아리 활동을 하는 관련 전공의 대학생들이 자신들이 기르고 가꾼 국화들을 전시하고 싶어한다는 것을 알게 되었다. 그래서 대학생들에게 전시장을 임대해 주는 형식으로 전시회를 바꾸었다. 비용은 크게 줄어 1억 원 정도 소요되었지만 실제 효과와 만족도는 훨씬 컸다. 마땅히 전시할 곳을 찾지 못하던 대학생들에게나 비용을 줄이고 싶어한 무역협회에게나 이것은 만족스러운 상생의 효과였다.

또 하나의 예를 들어 보자. 무역아카데미에서 배출한 훌륭한 인재들이 국내 경제 사정상 취업이 어려워지게 되었다. 1년에 가까운 시간 동안 열심히 공부한 사람들이 과정을 수료한 후 취업을 못 한다는 것은 안타까운 일이며, 무역협회 강좌의 명성에도 치명적인 악영향을 미치게 될 것이었다. 결국 국내 취업에만 치중되어 있던 취업경로를 지양하고 일본 등 해외에 취직을 알선하자는 아이디어가 나왔다. 이 아이디어는 주효했다. 취업률은 다시 100%에 가깝게 유지되었다. 초기에는 학생들이 직접 일본에 가 면접을 봐야 했지만 지금은 일본 업체들이 무역아카데미에 찾아와 입사설명회를 하고 현장면접을 하여 모셔 가게 되었다. 무역아카데미 졸업생들은

‘남들은 돈을 내고 해외에서 공부하고 귀국하여 취업난에 고통을 받고 있을 때, 오히려 해외에서 돈도 벌며 꿈을 이뤄 가는’ 신화의 주인공들이 되었다. 창의적 발상의 힘은 이렇게 크다.

비용을 줄이는 것은 무조건 ‘안 하는 것’이나 ‘축소하는 것’이 아니다. 적은 비용으로도 더 큰 효과를 낼 수 있음을 몸소 체험한 직원들은 업무를 대할 때 다른 방식으로 한 번 더 생각하고 더 좋은 아이디어를 내게 되었다. 아이디어로 절감한 금액들을 고객들에게 실질적인 도움을 주는 사업에 재투자하게 되었다. 머리가 돈보다 훨씬 더 훌륭한 자산이고 밑천임이 다시 증명되었다. 직원들의 보람과 업무효율 역시 성공과 비례하여 증대되었다.

모든 수익은 투명하고 깨끗해야 한다 : 윤리경영의 실천

무역협회의 홈페이지에는 ‘투명사회 실현을 위한 시민참여 헌장’이라는 것을 발견할 수 있다. 그리고 임직원의 참여로 선정된 다음과 같은 슬로건이 게시되어 있다.

> ‘신뢰받는 윤리경영, 세계 속의 무역 중심’

모든 수익은 투명하고 깨끗해야 한다. 무역협회는 2004년 3월, 윤리경영 선포식을 개최하여 윤리강령을 제정하고 실천서약을 하였다. ‘무역센터 신문고’를 설치하여 부조리, 민원, 불친절 등 3개 분야에 대해 상시신고 및 처리 통지 시스템을 가동시켰다. 홈페이지를 통해 윤리경영의 운영내용을 적극 홍보하는 한편 각종 애로,

비리 및 불만사항 등을 접수하여 처리하였다. 경제단체 최초로 도입한 클린카드제, 계약체결시 청렴계약 의무조항을 삽입하는 청렴계약제를 운영하는 한편 화요포럼을 통해 윤리경영을 위한 임직원 교육도 병행하였다.

무역협회의 윤리경영은 엄정하다. 신상필벌의 인사원칙이 확립되어 있다. 선행에 대해서는 보상을 하되, 비리적발 직원에 대해서는 '윤리강령 실천서약 및 관련규정'에 의거하여 엄격히 처벌한다. 그러나 그러한 사태가 발생되지 않도록 사전예방 시스템을 함께 가동시키고 있다. 윤리경영에 위배되는 대표적인 불친절 사례, 우려되는 비윤리 경영행위 등을 공개하고 경각심을 고취시켰다. 반면 친절행위, 모범사례 등에 대해서도 전사적 공유를 통해 확산시켜 나갔다.

집필메모 1

방만은 공익에 대한 배신이다. 국민의 세금을 낭비하게 하고, 훌륭한 공적 서비스를 받을 권리를 박탈하고, 사회적 신뢰를 무너뜨린다. 그러므로 공익은 방치되어서는 안 된다. 공익 역시 경영되어야 한다.

1. 기업에게 배우고 경영 마인드를 도입하라. 경영의 목적은 고객을 돕는 것이고, 경영의 결과는 수익이다. 반면 공익성의 강점은 누구나 설득할 수 있는 분명한 사명감에 있다. 공익성 최대의 약점은 수익을 만들어 내는 데 취약하다는 것이다. 따라서 외부적 지원이 없으면 계속 존속하기 어렵다. 경영 마인드의 도입은 질 좋은 공익 서비스가 지속적으로 제공될 수 있도록 자족적이고 적절한 수익모델을 만들어 내기 위한 것이다. 자립하라.

2. 경영언어로 말하라. 수익의 기초는 원가 이상의 부가가치를 가진 서비스를 창출해 내는 것이다. 그러므로 원가는 경영의 기초다. 원가 없는 경영은 없다. 무역협회의 김재철 회장이 취임 이후 가장 처음 들이댄 기준이 바로 원가 개념이다. '당신의 원가는 얼마인가?' 이 질문은 '당신은 원가 이상의 부가 서비스를 제공하고 있는가?'라는 질문이다. 회계와 숫자 역시 가장 기초적인 경영언어다. 한 조직 내에서 서로 이해 가능한 경영언어가 통용된다는 것은 경영 마인드의 적용 수준을 가늠하는 적절한 기준이다.

3. 수익원을 확충하고, 비용을 줄여라. '많이 벌고 적게 써라.' 이것은 조직이나 개인에게 공히 적용되는 부의 법칙이다. 가능한 모든 수익을 늘려라. 동시에 가능한 모든 비용을 절감하라. 그러나 이것이 아무것도 하지 않는 것을 뜻해서는 안 된다. 수익은 성과 있는 일에 우선적으로 재투입되어야 한다는 것을 의미한다. 다

음과 같은 행동강령을 기억하자.

- 성과 없는 일은 규정에 있어도 다시 생각해 봐라. 성과가 날 만한 일은 예산에 없더라도 재편성해서라도 반드시 하라.
- 전시효과나 외형적 사업은 전시장에나 보내라.
- 백 건의 이론보다 한 건의 성과가 중요하다.
- 성과에 집중하라. 그리고 최선을 다한 결과를 널리 알려라.

4. 모든 수익은 투명하고 깨끗해야 한다. 수익원을 확충하기 위해 할 수 있는 모든 일을 모색할 수 있다. 그러나 그것은 엄격한 윤리적 기준을 따라야 한다. 비용은 적절하게 통제되어야 하고 불필요한 낭비는 철저하게 자제되어야 한다. 그러나 조직의 사회적 책임을 무시해서는 안 된다. 윤리경영은 훌륭한 조직 시민이 되기 위한 엄격한 자기 규율self-discipline이다.

02 공익경영 - 조직의 태생적 가치를 높여라

이익을 우선적 목적으로 하는 경영과 사회적 사명감은 둘 중의 하나를 선택해야 하는 배타적 관계가 아니다. 이것 역시 삶의 도처에서 발생하는 균형과 조화의 문제로 이해해야 한다.

무역협회는 자원 봉사자와 기부자의 박애주의에 크게 의존하는 제3부문의 시민단체가 아니라 8만의 회원사에 대한 배타적 서비스를 제공하는 사적 비영리조직이다. 그러나 설러먼이 'NGO의 실패'에서 제기한 몇 가지 이유 중 일부는 무역협회의 경우에도 잘 적용될 것으로 생각된다. 무역협회 역시 다음과 같은 도전과 어려움에 직면했던 것이었고, 이에 대한 활로를 모색해야만 했다.

첫번째로 박애적 결핍Philanthropic insufficiency을 들 수 있다. 대부분의 비영리조직은 조직의 활동에 절대적으로 필요한 자원을 지속적이고 안정적으로 획득하는 데 많은 어려움이 있다. 외부에 대한 강제성이 없기 때문에 충분한 양의 자원을 지속적으로 동원하기가 어렵다. 부분적으로 이것은 무임승차의 문제이기도 하다. 또한 경기의 부침도 비영리조직의 안정적인 자원획득을 어렵게 하는 요인으로 작용한다. 공공의 문제를 해결하기 위한 자원의 동원은 강제적으로 이루어질 때 충분한 양의 자원을 안정적으로 공급받는 것이 가능하다. 그러나 특계자금이 끊어지고, 회원 가입이 허가제에서 임의가입제로 전환되면서 무역협회는 원래 목적인 공익적 서비스를 제대로 제공하는 데 필요한 지속적인 지원을 정부와 회원사로부터 받을 수 없는 상황으로 몰려 갔다.

박애적 아마추어리즘philanthropic amateurism도 무역협회가 당면한 어려움이 될 수 있었다. 당면한 문제의 해결이나 서비스의 제공은 전문적인 지식을 필요로 하는 경우가 많다. 예를 들어 거래를 알선하고, 국제적 전시를 기획하고, 무역 인재를 양성하고, 무역 분쟁의 해결을 도와주고 무역 관련정보를 제공하는 일련의 서비스들은 모두 전문적인 지식을 필요로 한다. 그러나 부족한 재원으로는 이러한 전문성을 지속적이고 충분하게 확보하고 유지하고 계발하기 어려운 것이 사실이다.

새로운 상황 속에서 무역협회는 회원사에 대한 서비스와 국가적 무역진흥이라는 공익적 목적을 수행해 나갈 수 있는 새로운 비전을 모색할 수밖에 없었다.

1. 비전 − '조직을 하나로 묶는 공유가치'를 만들어라

그동안 무역협회는 전 임직원을 하나로 묶어 주는 공유가치로서의 비전을 가지고 있지 못했다. '수출 1,000억 달러, 국민소득 1만 달러 시대의 주역이 되자'라든가 '세계를 향하여, 미래를 향하여' 등 그때그때 당면 과제를 구호화한 것이 고작이었다

김재철 회장은 1999년 취임 직후 비전의 필요성을 절감했다. 그는 "조직에 새로운 비전을 제시할 때다. 사람들은 신나는 비전이 있을 때 모두가 생기 있고 생산적이게 마련이다. 비전이란 바라는 이상, 바라보는 현실, 그리고 믿는 신념이 잘 조화를 이룰 때 실현된다"고 믿었다. 기획조정실장을 팀장으로 중견직원 12명으로 구성된 비전수립 T/F팀이 만들어졌다. 전 임직원 브레인스토밍 및 설문조사, 회원설문, 정부 관련부처 요구사항 조사, 부서장 연찬회 등 4개월의 의견수렴 과정을 거쳐 1999년 7월 비전 선포 및 실천결의대회를 통해 공식화되었다.

이렇게 하여 신무역 패러다임하에서 한국 무역의 나아갈 바를 선도하는 '21세기 한국 무역의 길잡이'라는 비전이 탄생하였다. 새로운 비전의 달성을 위해 다음과 같은 임직원 행동지침이 또한 수립되었다.

- 우리는 회원사의 만족을 위해 최선을 다한다.
- 우리는 작은 일도 크게 보고 정성을 다한다.
- 우리는 끊임없는 자기계발로 전문화를 이룬다.

비전의 구체적인 실천을 위한 노력은 끊임없이 지속되었다. 2002년 1월에는 비전의 구체적 실천을 위하여 5대 핵심 사업을 선정하였다.

- 5대 핵심 사업
  1) 전자무역 인프라 강화
  2) 무역 전문인력의 양성
  3) 전시의 국제화·대형화 추진
  4) 고객 서비스의 강화
  5) 무역 연구기능의 강화

5대 핵심 사업은 대부분 신규사업이거나 기존의 고유사업을 획기적으로 개편한 것이었다. 사업의 형태와 내용은 21세기에 들어 완전히 새롭게 변모하게 되었으며, 모든 경영자원과 역량은 5대 핵심 사업의 효율적인 추진을 위해 집중되었다. 임직원들의 입장에서는 사업의 획기적인 전환에 걸맞은 새로운 전문적 역량을 키우지 않으면 안 되게 되었다. 이에 따라 조직문화도 창의적인 발상을 함께 나눠 행하는 '창의적 협업형'으로 점차 변화하도록 요구받았다. '조직이 사람을 키우고, 그렇게 커진 사람이 다시 조직을 키우는' 선순환 시스템이 정착되는 전문지식집단으로 나아갈 수 있는 전기가 마련된 셈이다.

무역협회는 비전의 효율적 달성을 위해 전략적 방향을 명확하게 제시하고 조직을 성과경영체제에 맞게 '전략집중형 경영조직화 SFO ; Strategy Focused Organization'하기로 했다. 전문용역팀과 함께

무역협회의 비전 및 전략 체계

비전	신무역 패러다임하에서 한국 무역의 나아갈 바를 선도하는 '21C 한국 무역의 길잡이'				
미션	무역진흥 관련 제반 사업의 효율적 수행을 통한 회원의 이익확보 및 국가경제 발전에 이바지				
필요역량	기획 및 조정 능력	교섭력	네트워크 역량	위험관리 능력	핵심 자원 통제 능력
전사전략 테마	고객 서비스 극대화		무역진흥을 통한 국가경제 기여	경영 효율성 추구	
주요 이슈 및 테마	고객 니즈에 부합하는 새로운 서비스 가치 창출		글로벌 무역환경 변화에 대응한 역할 및 기능 정립	대내외 사업역량의 극대화를 위한 경영 효율성 제고	
기대효과	고객가치 제고		공익가치 제고	협회가치 제고	
본부별 전략 테마	– 현장 밀착형 무역진흥 활동을 통한 대회원 서비스의 가치 향상 (무역진흥) – 해외 시장 마케팅 활동의 내실화를 통한 고객 이익 증대 (국제) – 고객관계 개선을 위한 지원 서비스의 강화 및 효율화 (회원/물류)		– 무역 및 산업발전 연구의 고도화 (무역연구) – 민간경제협력 확대 및 우호적인 통상협력여건 조성 (국제) – 무역 전문인력 양성을 통한 신무역 인력기반 확충 (무역아카데미) – 동북아 물류중심지화의 민간 분야 지원 강화 (국제물류) – 전자무역 민간 분야 리더 역할 수행 (전자무역) – 전략물자 수출입관리 효율화 (전략물자)	– 수익사업의 적정수지 확보 (회원/무역진흥/무역 아카데미) – 내부경영지원 시스템의 효율화 (경영지원) – 성과주의 인사제도 및 문화의 정착 (경영지원) – 효율적인 자산운용을 통한 무역진흥 재원의 안정적 확보 (기획) – 조직 효율성 제고를 통한 사업역량 확충 (기획)	

6개월간의 현업작업을 통해 주요 이슈와 향후 과제를 도출하였다. 그리하여 고객가치, 공익가치, 협회가치라는 전략 테마가 설정되었다. 이후에 임원 인터뷰, 본부별 워크숍, 팀별 인터뷰 및 워크숍의 과정을 통해 본부별 전략 테마가 도출되었다. 이어 사업 및 평가지표를 설정하였다. 이제 비전과 전략이 조직 전체의 사업, 예산, 평가에 이르기까지 체계적으로 연계되는 '전략형 경영조직'의 틀을 갖

추어 가기 시작한 것이다.

2. 공익과 수익의 아름다운 조화를 찾아라

제임스 콜린스와 제리 포라스는 『Built to Last』(국내에서는 『성공하는 기업들의 8가지 습관』으로 번역되었다)라는 책 속에서 곳곳에 음양의 문양을 그려 넣어 두었다. 마치 사교邪敎의 부적처럼 곳곳에 등장한다. 그들은 그 이유를 이렇게 말한다. "비전 기업은 역설을 쉽게 받아들인다. 상반된 2개의 힘이나 사상은 동시에 존재한다. 이들은 'or'라는 악령에 결코 사로잡히지 않는다. 많은 사람들에게 세상은 'A and B'가 아니라 'A or B'라는 흑백논리를 신봉하도록 강요하였다. 그러나 비전 기업은 여러 극단을 동시에 포용하는 'and'의 영신을 받아들임으로써 'or'의 악령에서 벗어난다." 예를 들어 보자. 비전 기업들은 다음과 같이 모순에 가득 차 있다.

- 실질적 이윤을 추구하면서 이윤 추구를 초월하는 목적을 가지고 있다.
- 격심한 변화를 겪으면서도 변함없는 핵심 이념을 고수한다.
- 점진적이고 진화적인 개선과 동시에 거칠고 무모한 목표를 추구한다.
- 운영의 자치권을 허용하지만 기업 이념은 철저히 통제한다.
- 변화하고 적응하는 능력을 가지고 있지만 극도로 폐쇄적인 기업문화를 가지고 있다.
- 단기업적에 집착하지만 장기적 안목을 가지고 투자한다.
- 빈틈없는 일상업무를 수행하면서 철학적 비전을 가진 미래 지향적 특성을 가지고 있다.

‘공익경영’에 있어서도 이러한 견해는 마찬가지로 적용되어야 한다고 생각한다. 공익성이냐, 수익성이냐는 선택의 문제가 아니라 마치 노를 젓듯이 균형을 이루어야 하는 주제라는 것이다. 다만 비영리조직에 있어 ‘수익’은 비영리조직원이나 조직 자체의 영달이 아닌 그 존재 이유인 사명의 완수를 위해 쓰여야 하는 원칙의 준수가 중요하다.

경제적 자립이 불가능하다면 지속 가능한 공익 서비스도 불가능하다. 그러므로 안정적 재원을 보장하는 적정한 수익이 창출되어야 한다. 이것은 경영이 필요하다는 뜻이다. 공익 역시 수익경영이 필수적이다. 반면에 수익에 대한 집착이 적절한 한계를 넘어서면 공익을 빙자한 수익활동이라 할 수 있다. 이것은 또 다른 의미의 ‘공익의 실패’라 불릴 수 있다. 공익과 수익의 균형과 조화는 모든 비영리 공익조직의 핵심 과제인 것이다.

실제로 전통적으로 수익 추구를 금기시해 온 미국의 비영리단체들이 점차 수익사업 개발에 나서는 경향을 보이고 있다. 좋은 일도 돈이 필요하며 튼튼한 재무구조는 경영을 요구한다는 것을 깨달았기 때문이다. 대부분의 단체들이 비영리적인 사명감과 수익사업을 조화시킬 수 있다는 게 최근 분위기이다. 비영리기구는 돈 냄새와 거리가 멀어야 한다는 일종의 ‘터부’가 사라지고 있다. 10년 전에는 결코 비영리기구와 어울리지 않았을 ‘마케팅’이라는 개념도 받아들여지고 있다. 그러나 수익 추구가 비영리기구에게는 달콤한 ‘유혹’이 될 수도 있다. 수익사업을 통한 상품, 서비스, 상대적으로 높은 임금이 반감을 불러일으키거나 비영리단체 본연의 임무를 훼손한다면 '샛길'로 빠지는 오류를 범하는 것이 될 것이다. 따라서 사업 단계별로 타당성에 대한 올바른 검증 과정이 중요하다. 이 부분이 잘 지켜진다면 '비영리적 임무'와 수익사업의 적절한 조화가 단체의 지속적인 임무수행에 도움을 준다는 데 아무런 이의도 있을 수 없다.

국익과 무역진흥을 위한 전시회는 당장 수익이 나지 않더라도 최대한 지원하라. 그러나 3년 내에 반드시 수익이 나도록 운영하라

무역협회는 국익과 공익성에 우선순위를 두고 장기적인 관점에서 전시회를 기획한다. 국가의 이익을 고려할 때 꼭 필요한 성장 분야에 대해서는 전략적인 측면에서 전시회를 개최해야 할 필요가 있다. 그러나 아직 산업이 숙성하지 않아 전시회의 수지 타산을 맞추지 못하는 경우가 많이 있을 수 있다. 이 경우 무역협회는 매우 분명한 운영기준을 가지고 있다. '2년간은 손해가 나도 감수한다. 하지만 3년이 지나면 최소한 적자를 봐서는 안 된다'는 것이다.

공익성이 돋보이는 전시회로 바이오전시회를 들 수 있다. 무역협회는 한국의 미래 성장 엔진 중 하나로 각광받고 있는 바이오 산업의 활성화를 위해 2006년에 대규모의 '바이오전시회BIO KOREA 2006' 개최를 준비 중에 있다. 이제까지 바이오 산업 관련전시회가 없었던 것은 아니다. 몇 년간 산업자원부나 보건복지부 산하기관인 보건산업진흥원 등에서 중소규모의 전시회를 개최했다. 하지만 홍보 부족으로 국내와 해외 참가업체가 적은 데다 미숙한 운영으로 활성화되지 못했다. 이런 이유로 무역협회, 코엑스, 보건산업진흥원 등 관련기관이 힘을 합쳐 기존의 바이오 관련전시회를 하나로 통합하여 개최하기로 결정한 것이다. 산업자원부와 보건산업진흥원 그리고 무역협회 등이 공동투자하고 코엑스와 무역협회는 인력과 시설을 지원한다.

무역협회는 공익을 위한 전시회라고 해도 참가업체에게 적정한 참가비를 받는다. 그 이유에 대해 무역협회의 전시컨벤션팀 관계자는 이렇게 설명한다. "업체가 무료로 참가하는 전시회는 대부분 성과가 낮고 지속이 안 됩니다. 참가업체도 투자해야 관심을 갖고 열심히 하게 되고, 전시를 주관하는 기관도 그에 맞는 준비와 서비스를 제공하기 위해 노력합니다. 적정한 참가비를 받는 대신에 부가서비스를 통해 참가업체에게 그 이상을 되돌려주기 위해 노력하고 있습니다."

집필메모 2

비영리조직의 존재 목적은 사회적 사명감에 있다. 사회적 사명감은 이익을 우선적 목적으로 하는 이익경영과 배타적 관계로 인식되어서는 안 된다. 공익과 이익 역시 삶의 도처에서 발생하는 균형과 조화의 문제로 이해해야 한다.

가장 먼저 조직의 비전과 사명을 명확하게 하라. 비전은 전 직원을 하나로 묶어 주는 공유가치shared value다. 비전은 변화의 목적지며 조직이 이윽고 다다라야 하는 유토피아다.

조직의 비전과 개인의 비전이 일치되도록 하라. 한 조직이 비전을 가지고 있다는 것은 성문화된 비전 스테이트먼트vision statement를 가지고 있다는 것만을 의미하지 않는다. 중요한 것은 조직의 비전이 조직 구성원의 일상적 과업 속에 살아서 작동해야 한다는 것을 의미한다. 예를 들어 무역협회가 '21세기 한국 무역의 길잡이'라는 비전 스테이트먼트를 만들었다고 하여 그것으로 비전이 있는 조직으로 자동 승격되는 것이 아니다. 이 비전이 모든 직원의 개인적 직무 속에서 하나의 공유가치로 지켜지고 실천될 때, 비로소 비전이 현장에서 실현되는 것이다. 조직의 비전이 구성원 개인의 업무와 일치될 때 위대한 조직이 창조되는 것이다.

공익조직이 자신의 사명, 즉 존재 이유를 분명하게 정의할 때, 공익과 수익의 적절한 조화와 균형을 잡을 수 있는 명확한 기준을 가지게 된다. 예를 들어 구겐하임 미술관이 그동안 시도해 온 글로벌화, 기획전시의 대량 생산, 기업후원 유치와 전시회 등은 구겐하임에게 재정적 수입을 가져다 주는 데 기여했지만, 예술의 영역에 머물러야 할 미술을 상업화한다는 측면에서 비판을 받고 있다. 진정 성공한 미술관 마케팅은 미술관 본연의 가치를 실추하지 않는다는 전제 아래서 펼쳐져야 한다. 구겐하임의 확장전략이 일부 성공할 수 있었던 것은 그 뒤에 수십 년에 걸쳐 쌓인 미술관 본연의 명성이 있었기 때문이다. 구겐하임이 예술적 가치가 뛰어난 미술관이 아니라 돈벌이에 몰두하는 상업적 미술관이라는 낙인을 받게 되는 순간 더 이상 상업화전략도 대중을 유인하는 효과를 발휘하지 못할 것이다.

모든 공익조직은 그러므로 공익을 희생하는 순간 존재 이유를 상실하고 만다. 공익성은 의사 결정의 매 순간 반드시 지켜져야 하는 절대적 기준이다. 공익의 사명은 매 순간 북쪽을 가리키기 위해 수없이 떨리는 나침반이다. 떨림, 절묘한 형평에의 추구, 이것이 공익경영이 조화와 균형을 잃지 않는 요결이다.

무역환경의 급격한 변화는 무역협회의 본질적인 개혁을 요
구했다. 사이버 무역 및 지식기반 산업이 확산되고 있었으
며 글로벌 스탠더드에 의한 신무역질서가 형성되고 있었다.
무역협회 서비스의 관료적이고 고답적인 불친절에 불만을
느끼던 회원들도 이제는 새로운 패러다임에 맞춰 현장 중심
의 전문 서비스와 거래 알선 등 해외 시장 개척과 관련된
‘돈 되는 서비스’를 요구하였다. 무역협회는 서비스의 내용
과 시스템을 근원적으로 변화시키지 않으면 안 되게 되었다.

2

작고 수평적인 핵심조직으로
역량을 강화하라

03 줄여라, 또 줄여라

무역자유화 이후 자립경영의 시각에서 볼 때 무역협회는 이미 너무 많은 인원을 가진 방만한 조직이라는 인식이 확산되었다. 1995년 504명에 달했던 직원은 250명이 적정 인원이라는 평가를 받아 왔다. 조직 평가를 의뢰받은 외부컨설팅사의 진단은 간단했고 메시지는 분명했다. 다른 수익성이 확보되지 않은 상황에서 현재 규모의 인력을 유지해 나간다는 것은 공멸하는 길이라는 결론이었다. 조직을 날렵하게 하고 인원을 줄여야 한다는 것, 어떤 조직이든 그것보다 더 아픈 일은 없다.

1. 작은 조직으로 분화하라 – 분사

풍요로운 시절의 방만은 결국 경영적 치유를 필요로 했다. 지나치게 비대해진 조직을 일단 적정 규모로 유지하는 것이 혁신의 일차적 목표였다. 조직 내에서 본연의 기능을 수행하지 않는 부문을 떼어 내고, 중복된 기능을 수행하는 부문을 통폐합하고 분리해 내는 것이 우선적 준비 작업이었고 이어서 분사spin-off로 이어졌다.

7명에서 코스닥 등록 유망기업으로 : EC21 분사

1999년 이전 무역협회 내에는 KTNET(한국무역정보통신), 무역협회 내 전산조직 그리고 코엑스 MIS팀 등 유사한 기능을 하는 인력이 중복하여 산재해 있었다. 중복을 막고 핵심 업무에 집중하기 위하여 무역협회는 일부 전산조직의 분리를 도모하게 되었다. 외부전문컨설팅기관의 소견을 토대로 2개월여의 태스크포스팀 활동을 거쳐서 본래의 고유 업무와 관계가 적은 조직의 분사를 결정하게 되었다.

EC21의 주요 서비스는 '무역 e-마켓플레이스'를 제공하고 해외무역의 거래를 알선하는 것이다. 그러나 분사 당시 수익모델이 마련되지 않은 채 분리되었기 때문에 매우 불안한 상태였다. 거래 알선에 따른 서비스를 제공하고 성사가 된 이후 알선 수수료를 받는 것은 괜찮은 생각처럼 보였지만 사실은 매우 곤란하고 어려운 점이 많았다. 이는 무역거래가 대부분 국가 간 거래이고, 네고시에션 과정이 길 뿐 아니라 실제 거래 추적이 어렵기 때문에 거래 알선 수수료를 받는 것이 쉽지 않았다. 결국 EC21은 업체정보 서비스를 강화하고 서비스에 따른 사용료를 수익원으로 하는 모델로 전환하게 되었다. 뿐만 아니라 국내에서 해외로 물건을 팔고자 할 때 해외 바이어에 대한 마케팅과 홍보를 대행해 주는 도구를 서비스로 제공하여 수익을 창출하고 있다.

한 예로 부산에 '한성금속'이라는 자동차 부품을 생산하는 업체가 있었다. 중소 제조업체였기 때문에 수출을 위한 별도의 조직을 가지고 있지 않았고 마케팅조직도 없었다. EC21에서는 사전에 이 기업에 대한 신인도를 검토하여 마케팅을 지원해 주었다. 마침 홍콩의 바이어와 연결되었고 한성금속은 5년간 750만 달러의 수출을 하게 되었다.

이러한 서비스에 대한 대가가 전체 매출의 70%를 차지하며 실제로 수익모델이 전무했던 EC21은 연 매출 50억의 견실한 기업으로 자생해 나갈 수 있었다. 반면 무역협회는 인건비와 고정비 부담을 줄여 상호 생존하는 성공적 분사를 이루게 된 것이다. EC21은 지금 코스닥 등록을 기다리는 유망한 벤처기업이 되었다.

EC21의 권태경 대표이사는 분사를 염두에 두고 있는 비영리조직에게 이렇게 조언한다. "비영리조직이 수익사업을 할 수 있는 사업 아이템을 찾아낸다는 것은 쉬운 일이 아니다. 특히 무료 서비스에 익숙해진 고객을 유료 서비스로 전환하는 데는 많은 어려움이 따른다. 더욱이 봉급은 적어지고, 모르는 것투성이인 상태에서 자립해야 한다는 것은 심리적으로 견디기 어려운 일이다. 영리사업으로 가져가기 위해서는 스스로 시장경영 마인드를 체득하고 사전에 철저히 준비하여야 한다."

무역센터 시설운영 경험은 최고의 수익자산 : 코엑스 시설운영파트 분사(G&B)
무역협회가 자산운영과 전시컨벤션사업의 수행을 위하여 설립한

(주)코엑스는 전시장의 임대관리와 무역센터의 시설관리를 동시에 하고 있었다. 아셈시설 및 무역센터 확충공사로 시설관리 규모가 2배 이상 대폭 증대되었으나, 코엑스는 만년 적자를 면치 못하고 있었다. 건물의 임대 수익을 올려 적자를 줄이는 방법에는 한계가 있었다. 이미 시장에서 형성된 가격이 있었고 정부와 여론이 임대료 인상에 우호적이지도 않았다. 직원들의 대다수를 차지하는 시설관리 기술직들은 매년 임금이 상승하는 단일호봉제 임금구조로 시장 임금 수준의 두 배에 가까운 금액을 받고 있었지만 사무직과의 형평성 문제를 끊임없이 제기하면서 노사 갈등의 골은 깊어졌다. 1998년 11억 원에 이르던 영업 적자는 3년 후인 2000년에는 41억에 이르렀다.

무역협회는 코엑스 시설운영파트를 G&B로 독립 분사하기로 결정하였다. 분사의 조건은 분사 대상 인원에게 분사 당시 급여와 시장가격의 차액의 3년분을 일괄 지급하고, 3년간 계약 기간 보장 및 3개월 경영지원을 해 주는 것이었다. 그리고 3년 후에는 실적에 따라 재계약이 가능하며 무역협회 이외의 다른 시설관리 영업을 할 수 있다는 조건이었다.

분사 이후 G&B는 시장 수준의 가격과 서비스를 맞추기 위해 자생의 노력을 기울여 왔으며 그 결과 대형 접객시설 및 전시·컨벤션 전문시설관리업체로서의 독립성과 차별성을 확립해 나갔다. 그러한 경험과 시장의 좋은 평가는 대전 정부청사, KINTEX 등의 대형 시설물의 관리를 수주하는 데 가장 큰 자산이 되었다.

　G&B는 이와 같은 대형시설에 대한 관리대행과는 별개로 시설관리 노하우를 코엑스 외의 다른 대형시설을 소유하고 있는 기업에 컨설팅하여 전문사업영역을 구축해 가고 있다. 한 예로 강원랜드와는 에너지 절감을 위한 FMS Facility Management System 패키지 보급 계약을 체결하고, 무역협회와 코엑스가 공동 개발한 FMS 패키지를 강원랜드의 에너지관리 및 시설관리 업무에 적용하기로 하였다.

　강원랜드 시설관리팀장은 "매년 100억 원에 달하는 에너지 비용으로 고민하는 강원랜드에 무역센터의 시설 및 에너지관리 노하우가 녹아 있는 FMS 패키지를 적용할 경우 매년 2억 5,000만 원의 비용 절감효과를 거둘 수 있을 것으로 기대한다"고 말하였다.

　무역협회의 연간 에너지 소비량은 1억 2,000만KWh이며 에너지 비용은 160억 원이다. 전북 진안군 전체의 에너지 소비량보다도 많다. FMS 이론은 무역센터시설을 운영하면서 얻은 경험과 노하우를 정리한 것으로 2003년 6월 특허출원하였다. 한 건물에 특화된 시스템이 아니고 어떠한 건물에도 적용 가능한 범용 시스템을 만들기 위하여 에너지관리공단과 무역협회, 코엑스는 공동의 프로젝트팀을 구성하였다. 무역센터에서의 경험과 전국의 대형건물들을 직접 방문하여 자료를 모았다. 그리고 미국 시카고의 시어스타워 Sears Tower 방문으로 얻은 해외 사례 등을 기초하여 FMS 패키지를 개발하게 된 것이다.

한국의 전체 수입액의 13%를 차지하는 원유 수입의 절감 및 기업의 경쟁력 강화를 위해 2003년 2월 무역협회는 "FMS를 타 건물에 보급하여 국가에너지 절감에 기여하자"는 방침을 정했다. 앞으로 FMS 패키지는 범국가에너지 절감의 일환으로 국내 대형건물에 무상으로 공급될 계획이다.

현재 G&B는 '시설관리부문에서 효율적 도구를 개발하여 전문시설관리조직이 된다'는 비전을 가지고 성장해 가고 있다.

2. 개혁改革, 가죽을 벗기는 아픔 – 인력구조조정

'아셈 및 무역센터 확충사업'이 본격적으로 시작된 1996년도부터 불어 닥친 인력조정의 태풍은 부서장급 30명을 대상으로 시작하여, 매년 수십 명씩 회사를 떠나가게 만들었다. 특히, 1998년도에는 경영혁신계획의 일환으로 실시된 외부전문기관의 제안내용에 따라 일간무역 매각 등 대대적인 구조조정을 통해 전체 직원의 1/4에 해당하는 100명에 가까운 직원들이 퇴사했다. 1999년 2월 이후에도 인력의 감축조정은 지속되었다. 1995년 504명에서 2005년도 현재, 239명으로 인원이 감소되었으니 1995년 대비 절반 정도의 인원 규모에 불과하다.

1999년 이후의 인력조정은 단순한 숫자의 감축이 아니라 질적인 '인력구조'의 조정이라는 특징을 가지고 있다. 퇴직금을 많이 주는 밀어내기 식의 인력조정에서 조직의 인적구조를 바꾸는 구조조정으로 변모한 것이다. 단순히 인력과 인건비를 줄이기만 한 것이 아니라 구조조정을 통해 젊고 역동적인 조직구조를 만들어 갈 필요가 있었던 것이다.

경제단체의 인력조정이 본격적으로 추진된 1999년 이후 무역협회의 인력감소율은 32.2%로 경제단체 중 가장 큰 폭의 인력조정을 하였다. 정부의 관계부처에서는 경영혁신 우수사례로 무역협회를 수상 대상으로 제안하였으나 무역협회는 정중하게 거절하였다. 인력조정은 뼈아픈 수술이었다. 그것은 목표를 맞추기 위한 형식도 아니며 면피의 도구도 아니었다. 그것은 절박한 모색이었고 생존을 위한 필사적인 싸움이었다. 이 일이 수상의 대상이 될 수는 없었던 것이다.

또 하나 인력구조 면에서 특기할 만한 현상 중의 하나는 젊은 신입직원들이 채용되면서 대량으로 석사 이상 고학력 엘리트들이 유입되었다는 점이다. 현재 무역협회 내의 석사 이상 고학력자는 모두 104명으로 전체 직원 대비 43.5%를 차지하고 있다.

한편 퇴직의 대상이었던 시니어 그룹 등을 위해서는 창업 지원, 전직 알선을 하는 아웃플레이스먼트 프로그램(퇴직자 지원 프로그램)을 함께 운영하였다. 이러한 프로그램의 운영은 마치 신선한 피가 지속적으로 순환되는 것처럼 인력조정을 상시화하는 데 기여하였다. 현재는 적정 인력의 규모를 유지하고 있는 것으로 자체 평가하고 있지만 매년 10명 이상 '나가야' 한다는 긴장감을 늦추지 않고 있다. 실제로는 매년 자연 퇴직이 10명 정도씩 발생하고 있기 때문에 별도의 인위적 인력조정 없이 신입직원 채용이 가능해졌다. 2004년 이후에는 자연퇴직을 통한 인력순환이 이루어지고 있음을 의미한다.

뼈아픈 구조조정 과정을 통한 교훈

1997년부터 시작한 무역협회의 구조조정 과정을 조금 더 밀착하여 들여다볼 필요가 있다. 이곳은 가장 통렬한 아픔이 있는 곳이다. 조직의 가장 아픈 곳을 들여다보면 더 좋은 대안과 더 다양한 해결 방식에 대한 교훈을 찾을 수 있다. 특히 퇴직을 통한 인력조정은 '집단'에서 떨어져 나가 사회적 소속감을 잃게 되는 것을 가장 두려워하는 한국인에게는 가장 고통스러운 방식이 아닐 수 없다.

구조조정 당시 이 일을 맡아 주관한 전직 책임자를 만나 보았다. 그는 이미 무역협회를 떠나 있었다. 나는 그 당시의 상황에 대한 고충과 솔직한 느낌을 듣고 싶었다. 왜냐하면 이 책은 무역협회의 혁신을 다루고 있지만 다른 비영리조직의 개혁에 도움을 주는 객관적 사례로서 왜곡이 없는 사실성과 현장성을 전달하는 것이 무엇보다 중요하기 때문이다.

그는 부드러운 얼굴을 가진 신사로 보였다. 표현이 적절하고 정확했다. 나는 한 개인의 성향과 관계없이 조직 속에서 자신의 임무를 수행해야 했던 한 사람의 고충과 대면할 수 있었다. 그는 다음과 같이 소감을 피력했다.

"구평회 회장 시절의 구조조정은 양量에 집중했다. 그때 이미 부서장급
은 대부분 떠났다. 직원들의 반발에도 불구하고 구조조정이 비교적 쉽
게 진행된 이유는 두 가지였다. 첫째는 특계자금 중단에 따라 직원들의
위기의식이 고조되었고, 둘째는 구조조정을 시작한 지 얼마 안 되어
IMF 사태가 터지면서 국가적 위기가 닥쳤다. 사회적 분위기는 개혁이
었고, 구조조정은 그 분위기 속에서 진행되었다.

그러나 김재철 회장의 취임 후에 진행된 구조조정은 분위기가 구평회
회장 때와는 사뭇 달랐다. 1차 구조조정을 겨우 넘긴 직원들은 안심하
고 있었다. '우리도 고생할 만큼 했다. 신임 회장이 알아줄 것이다.' 이
런 마음이 강했다. 그러나 구조조정이 다시 시작됐다. 안심했던 만큼
저항도 컸다. 직원들은 필사적으로 저항했다. 한 번 구조조정 작업을
경험한 직원들은 이제 어떻게 대응해야 하는지 알고 있었다. '누가 나
갈까', '누굴 내보낼까.' 이것은 어려운 문제였다. 노조를 중심으로 한
직원들의 반발이 거셌다. 그러나 경영진의 방침은 확고했다.

나는 괴로웠다. 내 동료들이었고 함께 일한 사람들이었다. 관계를 맺고
있는 사람을 내보낸다는 것은 정말 괴로운 일이다. 나로서는 나가는 사
람을 조금이라도 배려해 주는 것이 최선이었다. 주머니에 조금이라도
더 채워 주고 이직이나 전직을 알선해 주고 창업을 도와주기도 했다.
그러나 나가는 직원들의 분노와 서운함은 어쩔 수 없는 것이었다. 나는
악역을 맡아야 했다. 무역협회는 내게 '체인지 에이전트change agent'
가 될 것을 요구했다. 그래도 내 역할은 결국 악역이었다.

협박 전화와 편지를 받기도 했고 직접 욕을 먹기도 했다. 언젠가 협박

편지를 받고 나서는 등골이 오싹하기까지 했다. 그는 나를 '내 목을 자른 사람'이라 표현했다. 나한테 딸 둘과 아들이 하나 있는데, 애들에게 피해가 갈까봐 걱정했다. 딸들에게 늦게 다니지 말 것을 당부하기도 했다. 이런 이야기는 아무도 모르는 이야기다. 알리지도 않았고 알 필요도 없으니까."

나는 인력조정 과정에서 실무를 맡아 보았던 체인지 에이전트들을 몇 사람 만나 보았다. 그들이 솔직하게 전해 주는 몇 가지 장면을 여기에 소개하는 것이 좋겠다고 생각했다. 이 장면들은 무역협회만 겪게 되는 풍광이 아니다. 인력조정을 시작한 대부분의 조직에서 대체로 일어나는 공통된 통증이었다. 마치 같은 질병에 걸린 환자들이 늘 같은 고통을 호소하듯, 인력조정은 늘 이런 공통의 통증을 유발하곤 한다.

인력조정의 아픈 상흔들, 스냅 샷 몇 개

| 사례 1 | 나를 죽이고 가라

2002년 11월 24일 토요일 아침 9시경, 노조 전임자 출신 퇴직자 한 사람이 '무역의 날' 기념특집으로 방영될 KBS TV의 〈일요진단〉 프로그램 녹화를 위해 자택을 나서던 김재철 회장의 승용차 앞에 드러누워 '나를 죽이고 가라'고 외쳐 댔다. 그는 복직을 요구했다.
그는 '구조조정으로 본인은 물론 가정마저 파탄에 이르렀다. 이 모든 책임은 무역협회와 회장에 있다. 나는 더 이상 잃을 것이 없다. 내가 무슨 일은 못 하겠느냐'며 회장과의 면담을 요구했다. 이 과정에서 그를 저지하려는 사람들과 심한 몸싸움이 없을 수 없었다. 당시 퇴직자와 격렬한 몸싸움을 벌인 수행비서는 퇴직자와는 대학 선후배관계로 평소 잘 알고 지내는 사이였다. 그들은 서로 몸으로 밀쳐 내야 하는 고통스러운 적대행위를 할 수밖에 없었다. 그 수행비서도 역시 2004년 캐나다 이민을 이유로 명예퇴직을 하였다.

| 사례 2 | 넘치는 투서, 알고 보면 퇴직 한풀이

무역센터의 전반적인 경영관리를 담당하고 있는 김지영 팀장은 「무역센터 비리에 대한 언론 투서」에 대한 답변서를 쓰면서 '언제까지 이런 일을 반복하여야 하는가'라는 장탄식長歎息을 내뱉을 수밖에 없었다.

2000년 5월, 아셈 및 무역센터 확충사업 종료 이후 한국 최대의 지하상가로 조성된 코엑스 쇼핑몰에 대한 끊임없는 특혜 의혹, 주차장 운영의 투명성 의혹, 심지어는 김재철 회장의 개인비리 의혹까지 거의 같은 내용으로 벌써 2~3년째 동일한 내용의 투서가 반복적으로 언론사에 전달되고 있었다. 언론사가 취재협조 요청을 해온 것이 벌써 여러 번이었다.

협회 인력조정에 불만을 품은 퇴직자들은 이러한 '투서'를 통해 떠나온 조직을 압박했다. 무역협회는 자체감사에 외부감사까지 동원하여 그 진상을 확인하였다. 대부분 근거가 희박한 소문들이 과장된 것들로 사실이 아닌 것으로 밝혀졌다.

협회 경영혁신의 초기에는 주로 의식을 혁신하고 인력의 규모를 조정하고 조직을 정비하는 정지작업이 주로 진행되었다. 관련된 업무를 담당하고 있던 임직원들이 혁신을 선도하는 역할을 수행하게 되고 경영진은 이들을 '체인지 에이전트Change Agent(CA)'로 불렀다. 그리고 자연스럽게 그런 역할을 수행할 것을 요구했다.

이들은 혁신에 대한 교육이나 훈련을 받거나 경험이 있던 사람들이 아니었다. 그저 관련업무 담당자였고, '안 했으면 하는 바람' 속에서 조직과 시대의 요구에 따라 동료들에게 퇴직을 권유하고, 일하는 방식의 변화를 요구하며, 혁신의 분위기를 조성해 가는 역할을 수행해 갔다.

직원들의 입장에서 이들은 '공공의 적'이었다. 그나마 그것은 아주 고상한 표현이고 보통은 주로 '경영진 똘마니' 등으로 비하되어 불려졌다. 혁신의 강도가 강해질수록 이들 CA에 대한 왕따는 더욱 조직적이 되었다. 이들은 홀로 밥을 먹어야 했다. 혼자 밥을 먹어 본 사람은 그 맛을 잘 알 것이다. 이러한 괴로움은 직장에서는 물론 담당자의 집이나 가족들에게까지 확대되었다. 당시 인력조정을 담당했던 직원은 심야에 걸려 오는 '한탄과 저주의 침묵, 한숨소리'를 견디지 못해 전화번호를 세 번이나 바꾸어야 했다. 더욱 힘든 것은 경영진은 임기가 있고 총회의 결정에 따라 자리를 옮겨 가면 되지만 CA들은 계속 남아 과거의 업業을 고스란히 감당하여야 한다는 점이다. 일반 사기업에는 CA들을 보호해 주고 지원해 줄 수 있는 오너 경영자가 있다. 그러나 비영리조직에는 이런 안정적인 보호장치가 없다. 실제로 노조광장에는 '잔인한 인생, ㅇㅇㅇ, 회장 떠나면 너도 함께 사라질 각오하라'는 글이 오르고 지지하는 댓글이 무수히 붙곤 했다.

CA들이 이런 환경 속에서 그런대로 혁신의 과업을 수행하고 나름대로 성과를 거둘 수 있었던 데는 IMF 외환위기라는 국가적 어려움과 아셈 및 무역센터 확충이라는 협회의 대역사수행이라는 환경이 도움을 주었다. 위기가 혁신을 도와주었던 것이다. CA들에게는 혁신은 아픈 것이기도 했지만 보람과 의미이기도 했다. 한 CA는 "나를 받쳐 준 것은 탄탄하고 행복한 조직의 미래를 후배들에게 남기자라는 일종의 소명의식召命意識이었다"고 술회했다.

| 사례 4 | 이겨도 아픈, 상처뿐인 소송 21건

2002년 9월 어느 날, 당시 인력개발팀에서 인력조정을 담당하던 최 과장은 퇴직자 친목모임인 무우회貿友會 사무실로 와 달라는 전갈을 듣고 그곳으로 갔다. 그 자리에는 20여 명의 퇴직사우들이 좁은 사무실에서 뿌연 담배연기를 내뿜으며 어두운 표정으로 둘러앉아 있었다.

그들은 최근 2~3년 인력조정 과정에서 사표를 낸 사람들이었다. 서로의 대면은 낯설었고 부담스러웠다. 이윽고 대표가 조심스럽게 말했다. "우리 퇴직자들은 그간 협회를 위해 남아 있는 사람들만큼의 노력과 기여를 했다고 생각하고 있다. 아무리 생각해 봐도 협회 측에서 퇴직금을 적게 산정해 준 것 같아 함께 모여 논의를 하고 있다. 정확한 사실을 확인코자 당신을 불렀으니 묻는 말에 있는 그대로 답변해 주면 고맙겠다"라고 운을 뗐다.

이들은 대부분 20~30년간 봉직한 사람들이었다. 조직에 대한 불만과 퇴직 후 불안정한 삶에 대한 불안을 털어 내는 이들은 이미 퇴직금을 수령하고 협회와의 근로관계가 공식적으로는 종료된 사람들이었다. 취조의 시간이 끝난 후 "협회는 우리들에게 이미 남이요, 우리들과 똑같은 입장에 있는 사람들을 규합해서 큰 소송을 할 터니 각오하라"는 전갈을 보내 왔다. 며칠 후 퇴직자 42명이 함께 협회 사상 가장 큰 '퇴직금청구소송'을 서울 민사지법에 제기했다.

소송은 결국 협회 측 승소로 종결이 되었다. 그러나 무역협회는 조정 과정에서의 격한 투쟁과 몸싸움이라는 물리적 다툼과 함께 퇴직 후 인사노무쟁송이라는 또 다른 휴유증으로 몸살을 겪어야 했다. 인력조정과 직간접적으로 관련하여 10년간 법원 및 노동위원회 등에 제기된 쟁송은 총 14건의 21심이었다. 사실상 대부분 무역협회 측의 승소로 끝을 맺었지만 담당자의 입장에서는 그야말로 '상처뿐인 영광'이었다. 최 과장의 마음속에는 '이겼다는 시원함보다는 알 수 없는 안타까운 상념'만 그득 차올랐다. 결국 소송비용은 청구치 아니한 것으로 마음의 짐을 덜었지만 이번 패소를 계기로 더욱 협회와 멀어져 간 퇴직 선배들 생각에 또 다른 불면의 밤을 보내야만 했다.

필요했지만 아쉬운 점도 있습니다 : 퇴직사우들의 회고대담

나는 퇴직자들의 일부를 만날 수 있도록 주선을 부탁했다. 이제는 무역협회를 떠나 있게 된 사람들로부터 그들의 솔직한 심정을 듣기 위해서였다. 이 중 필요한 부분을 인용하여 그 당시는 물론 퇴직을 하고 나서 꽤 많은 시간이 지났지만 아직도 마음에 담아 둔 객관적 정서의 편린을 공유하도록 하고 싶었다. 우리는 아주 자유롭게 의견을 나눌 수 있었다. 나는 많이 물어보지도 않았고 그저 그들이 서로 자유롭게 이야기하도록 놓아 두었다. 하고 싶은 모든 말들을 하게 만들고 싶었기 때문이다 이 기회를 빌어 솔직하게 마음을 털어 내 준 그들에게 감사한다. 다음은 그들과의 대화 중에서 당시의 인력조정과 관련하여 중요한 부분을 인용한 것이다.

＊ 내가 아직도 기억하는 말이 있다. 그 말이 잊혀지지 않는다. 김재철 회장은 개혁改革의 한자를 이렇게 풀이했다. "개혁의 개改자는 바꾸는 것이고, 혁革은 가죽을 의미한다. 즉, 개혁은 가죽을 벗기는 것이다. 가죽을 벗기면 피도 나온다." 이삼십 년을 근무한 직원들이 이 말을 듣고 무엇을 느꼈을까. 대부분의 직원들은 '피 보지 않고는 개혁은 없다'는 뜻으로 받아들였다. 우리는 두려웠다. 당시는 IMF 구제금융 시기의 초창기였다. 국가도 그랬고 경제 사정도 안 좋았다. 기업들 사이에서도 '바꿔야 한다'는 구호가 난무했다. 사회적 분위기도 변화가 대세였다. 외국계 컨설팅 회사들에게 용역을 줬다. 그들의 메시지는 간단하고 명확했다. '줄여라, 없애라'였다. 사업의 다각화를 제시하기도 했지만 주요 메시지는 역시 인력구조조정이었다.

＊ 무협은 오래된 조직이다. 무협은 어쨌든 정부 유관단체였고, 인사에 부조리가 많았다. 그래서 직원들은 승진을 별로 기대하지도 않았다. 기업에 있다가 온 김 회장이 봤을 때는 답답했을 것이다. 특히 문화적으로 갈등이 많았을 것이다. 권위주의적이라는 점도 마음에 안 들었을 것이다. 당시 무협은 연공서열 중심의 조직으로 인사적체에 시달렸다. 직원들의 불만도 컸다. 김 회장은 이 부분을 해결하고자 했다. 이 부분에 공감한다.

＊ 시간이 흐르면서 성과가 나고 시너지효과가 나오자, 무협 내의 어느 누구도 변화를 거부할 수 없게 되었다. 변화가 대세였다. 어쨌든 수십 년 동안 못 한 것을 해냈으니까.

＊ 김 회장 이전의 무협에는 수익 개념이 없었다. 고객에게 잘해 줄 이유도 없었다. 이런 상황에서 김 회장은 '협회의 역할이 무엇인가' 하고 고민했을 것이다. 무협은 자산관리에서 많은 성과를 냈다. 경영의 초점이 지나치게 그쪽에 맞춰지기도 했다. 그러나 무협의 고유영역(업무)에서의 혁신에 더 많은 노력을 기울였어야 했다.

＊ 개혁의 방향과 큰 그림이 필요했다. 그러나 우리는 그것이 무엇인지 잘 몰랐다. 방향과 비전이 없이 닦달당했고 다만 두려웠을 뿐이다. 개혁에 대한 공감이 필요한 때에 우리는 두려움밖에는 없었다. 그래서 자발적으로 나간 사람들도 많았다. 개혁을 독촉만 하지 말고 개혁 후의 멋진 그림도 보여 줬어야 했다.

＊ 내가 당시 김 회장이라면 어땠을까 하는 생각을 한 적이 있다. 수익이 중요한 기업에서 왔다면, 아마 나도 김 회장처럼 했을 것이다. 그래서 나는 혁신 과정이 가혹했다거나 나쁘다기보다는 아쉽다고 표현하고 싶다. 가장 아쉬운 것은 조직의 사기를 너무 떨어뜨렸다는 것이다.

퇴직자들은 자유롭고 기탄없이 소견을 피력했다. 그것은 비판이라기보다는 그들의 지나간 인생의 짧지 않은 한 기간에 대한 회고이기도 했다. 그들의 의견을 종합해 보면 그 당시 진행된 인력구조조정에 대하여 그들이 받아들이고 인정하는 긍정적인 면은 다음과 같이 정리될 수 있다.

- 비영리조직의 재정 자립을 이룩했다. 무협은 살아남았고 가장 부유한 조직이 되었다.
- 연공서열에 의한 인사적체와 인사 부조리가 상당 부분 해소되었다.
- 혁신의 성과로 조직이 슬림화되고 결재단계가 줄고 스피드가 빨라졌다.

반대로 나는 아쉬움에 대하여 더 물어보았다. 인력조정의 긍정적인 부분의 반대쪽에 있는 어두운 부분에 대하여 더 분명하게 알아두고 싶었기 때문이다. 그 당시 진행되었던 인력구조조정의 아쉬움에 대하여 그들이 가지고 있었던 느낌과 생각들을 다음과 같이 크게 두 가지로 정리할 수 있다.

- 조직의 사기를 너무 많이 떨어뜨렸다. 살아남았지만 뜨거움이 없는 조직이 되어 버렸다.
- 혁신의 방향을 제시하여 잘린다는 두려움보다는 함께 헤쳐 나간다는 공감대를 형성할 수 있었어야 했다.

나는 그들에게 앞으로 무역협회가 해야 할 급선무에 대해서도 조언해 주기를 바랐다. 그들은 크게 세 가지를 제안했다.

첫째, 고객이 체감할 수 있는 직접적인 서비스를 제공해야 한다.

이것이 무역협회의 존재 이유여야 한다.

둘째, '21세기 한국 무역의 길잡이'로서 말 그대로 세계화의 전문적 향도가 되어야 한다.

셋째, 뜨겁고 열정적인 조직문화를 창조해 내야 한다.

특히 가장 절실하고 간절한 바람은 '따뜻한 사람관계, 일에 대한 뜨거운 몰입에 대한 그리움'으로 느껴졌다. 바로 이 점이 관계 중심적인 한국인들에게는 인력구조조정이 미국인들에 비해 훨씬 더 커다란 아픔과 상실로 다가오는 이유일 것이다.

나는 김재철 회장과의 인터뷰에서 임기 동안 추진해 왔던 무역협회의 변화를 어떤 단어로 표현하고 싶은지 물어본 적이 있다. 개선, 진보, 개혁, 혁신, 혁명 같은 단어들 속에서 가장 적합한 단어가 무엇인지 묻는 질문에 대하여 그는 잠시 생각한 후, "우리 모두 함께 만든 것이다. 나도 내게 주어진 나의 역할을 했다. 아마 '많이 개선되었다. 혁신되었다' 정도로 표현할 수 있을 것 같다"라고 대답했다. 나는 이 '개선과 혁신' 과정에서 혹시 아쉽거나 후회되는 일이 없었는지도 물어보았다. 김 회장 역시 '처음에 좀더 부드럽게 할 수 있었더라면 좋았을 것'이라는 아쉬움을 표현했다. 그러나 역사에는 가정이 없다. 다만 잘못된 것이 있다면 그것이 되풀이되지 않게 하는 레슨이 있을 뿐이다.

당신의 생일을 축하합니다 : 투쟁에서 상생으로

무역협회 노조는 민주화의 열망과 함께 노동조합 결성이 유행하던

1987년 8월 31일 경제단체 중 최초로 설립된 이래 조합원의 권익 옹호는 물론 사무직 노조의 리딩 그룹 역할을 수행해 왔다. 내부적으로 70% 이상의 직원들이 노조에 가입해 있었다. 주인이 없는 비영리조직의 특성상 조직민주화, 직원의 권익증진 등에 심대한 영향력을 가지고 있었다. 1991년도와 1996년도에는 장기간 파업을 단행하며 상당한 투쟁역량도 축적해 왔다.

무역협회의 인력감축은 조합원의 생존권을 위협하는 중대한 도전이었다. 실제로 조정이 이루어지는 상황에서 노조가 자연스럽게 강력투쟁을 선언하고 보유한 모든 역량과 상급단체의 지원을 받으며 구조조정 저지와 경영진 퇴진운동을 동시에 전개한 것은 당연한 대응이었다.

그러나 1997년도의 IMF 외환위기와 무역업 임의가입제 등 대내외 경영환경의 변화로 인해 노조의 투쟁활동이 한계에 부딪히게 되었다. 투쟁으로 문제는 해결될 수 없다는 것을 알게 되었다. 그들은 가능한 자제했다. 그러나 1999년 2월, 김재철 회장의 취임과 함께 새롭게 진행된 경영혁신에 노동조합은 '더 이상은 밀릴 수 없다'는 데 인식을 같이했다. 그간의 투쟁집회, 성명서 발표 등과 같은 단편적 대응은 물론 노동청, 노동위원회 제소, 민사쟁송 제기 등 다양한 방식으로 혁신과 함께 진행된 신진대사형 구조조정에 조직적으로 대응해 나갔다. 직원들도 '그만큼 했으면 됐지 너무한 것 아니냐'는 정서적 동조를 통해 노조에 힘을 실어 주었다.

그러나 혁신의 강도는 거셌다. 경제단체로서 회원에 대한 책임을 강조하며 단호한 혁신은 지속되었다. 사용자 측의 일관된 설득 논리는 '우리도 험난한 길을 걸어왔지만, 우리의 고객인 회원사의 어려움은 우리와 비길 바가 아니다. 우리도 아픔을 자제하고 극복해 가야만 한다'는 메시지였다. 실제로 현장을 체험해 가는 직원들이 늘어갈수록 이러한 호소에 '틀린 이야기는 아니다'라는 소극적 공감대가 점차 확산되어 갔다.

조합원 전체가 움직이는 대형투쟁이 어려워짐에 따라 노조는 상집간부 등을 중심으로 한 소규모 정예투쟁으로 투쟁 방식을 변경하고 경영진의 독선경영을 비판하는 언론 인터뷰 등을 통해 경영진을 압박했다. '경영권 참여, 고율의 임금인상, 성과급 차등지급 철폐' 등을 요구하여 왔으나, 사용자 측의 반응은 7년간 변함이 없었다. 노조와 사용자는 7년간 대립과 투쟁의 길을 걸었다.

이러한 가운데 노사 간 화합과 상생을 요구하는 조합원들의 목소리가 점차 확산되었다. 그리고 무역협회의 경영혁신은 일정대로 추진되었다. 2001년 퇴직금 누진제가 폐지되었다. 2004년 연봉제가 전면 확대 실시되었다. 그리고 같은 해 노조 전임자 축소가 이루어졌다.

2004년 12월 열린 노동조합 위원장 선거에서는 "경영층에 대하여 무조건적인 비판과 견제로 싸우는 것보다는 '싸우지 않고 이기는 전략이 상책'이라는 시각으로 합리적인 대화와 타협"을 선거공약

으로 내세운 후보가 당선되었다. 그리고 2005년 7월 무역협회 노사
는 지난 18년간의 노사협상에서 최초로 무교섭 임금협상을 타결짓
는 새로운 역사를 만들어 냈다. 일부 조합원들은 '노조를 팔아먹었
다'며 격렬한 반발도 보이긴 했지만, '절반의 승리, 절반의 실패',
'아쉽지만 수고했다'라는 반응과 함께 무교섭 협상결과에 80%가
넘는 압도적 지지를 보내며 새로운 노사관계에 큰 기대를 나타내었
다. 이제 노사관계는 투쟁에서 대화와 협력으로 전환하는 새로운
변곡점을 가지게 되었다.

2005년 8월 31일 무역협회 노동조합 창립 18주년 기념일은 이러
한 새로운 전환을 극적으로 보여 주는 날이 되었다. 김재철 회장이
초대되어 직접 격려사를 하고 조합원들과 막걸리를 나누며 무역협
회 비전의 일부인 '선진화'를 내걸고 열린 3행시 대회 수상자에게
직접 수상을 하였다. 이것은 인력조정을 정점으로 갈등이 극에 달
했던 무역협회의 노사관계에서는 상상할 수도 없는 일이었다. 그동
안 노조 창립일은 노조만의 생일잔치였던 것이다.

이런 분위기를 이해하기 위해 이날 3행시 수상작 몇 개를 음미해
보는 것도 좋을 것이다.

선진화 3행시 수상작

선 : 선정릉에서 노사 함께한 화기애애한 모습은
진 : 진정한 상생협력을 뜻할지니
화 : 화합과 인화로 무역 보국의 초석이 되어라

선 : 선한 마음 나눌수록 좋고

진 : 진실은 밝힐수록 좋고

화 : 화합은 이룰수록 좋아라

선 : 선배는 앞에서 끌고 후배는 뒤에서 밀고

진 : 진심으로 하나 되어 신바람 협회 만들어요

화 : 파이팅! 무협노조 생일 축하합니다!!

선 : 선진 한국의 주역, 한국무역협회

진 : 진보 노조의 주역, 한국무역협회 노동조합

화 : 화합과 상생의 새로운 노사문화 정립

선 : 선물준다 하길래

진 : 진짜인가, 응모했네

화 : 화목한 협회 분위기, 그거면 됐지

작지만 조금씩 상처를 봉합하고 치유하여 하나가 되다

무역협회 임직원 배우자의 생일에는 회사의 명의로 꽃바구니, 케이크, 와인 등이 배달된다. 2001년부터 시작된 이 제도는 작지만 인력 조정으로 상처받고 흩어진 임직원들의 마음을 하나로 모으는 데 일조를 하기 위한 것이다. 직원의 생일에도 사무실로 케이크가 배달되어 소속팀 직원들과 조촐한 축하행사를 갖도록 배려하고 있다. 이는 과거 무역협회의 가족적인 친화분위기를 되살리기 위한 노력의 일환이다.

2004년부터 팀원 전체나 2인 이상이 팀을 구성하여 도전과제를 스스로 설정하고 이를 달성하면 연말 종무식에서 시상하는 '도전목 표 프로그램'을 실시하였다. 처음 이 프로그램을 발표할 때만 해도 주무부서인 경영지원본부는 '아무것도 하지 않는 것이 직원들을 편 하게 해 주는 것'이라는 직원들의 냉소적인 반응을 받았었다. 어디 에나 냉소는 있다. 그러나 냉소를 통해 문제가 해결된 적은 한 번도 없다. 그렇게 한 해가 흘렀다. 그해 말에 16개 팀 74명의 직원들이 참여하였다. 직원들의 도전과제도 다양했다. 5kg 살 빼기, 하프 마 라톤 완주, 수도권 5대 명산 완등, 매월 고아원 봉사하기 등 일상의 다양한 도전과제들이 선보였다. 그들은 함께 노력했고 그 노력을 통해 서로 이해하고 하나가 되는 길을 모색했다.

또 인력조정의 아픔과 상흔을 가지고 있지 않은 신입직원의 젊음 과 발랄함을 활용하기도 했다. 평균근속 14년, 평균연령 40세의 몸 이 무거운 직원들 속에 신입직원을 풀어 놓았다. 12개의 동호회 활 동은 서서히 새로운 활력을 찾아갔다. 축구부, 산악회, 테니스반 등 전통적인 동호회 이외에 신세대가 좋아하는 인라인, 농구, 마라톤 달리기 등의 새로운 동호회가 결성되었다. 초보강좌, 유관기관과의 시합, 장비 공동구매, 외부대회 참가 등 다양한 동기부여와 이벤트 를 개최하여 서로의 우의를 다졌다. 무역협회는 총 12개 동호회에 연평균 300만 원 이상을 각각 지원하였다. 직원들은 취미생활을 즐 기는 가운데 조직에 대한 애정과 동료애를 자연스럽게 발휘하게 되 었다.

열린 커뮤니케이션의 활성화 : 대통령도 함께한 'KITA Talk'

1999년 2월 12일 간부사원들과의 열린 대화는 무역협회의 현안에 대해 새로운 형태의 대화의 장을 열어 가기 시작했다. 장시간의 토론과 의견교환 후에 '무역협회 발전방향과 나의 역할'이라는 글을 제출하였다. 이후로 현안이 있을 때마다 'KITA Talk'라 불리는 회장과의 대화의 장이 열렸다. 경영진들은 경영혁신의 과정에서 발생한 경영진과 직원들, 특히 노동조합과의 반목과 갈등을 대화의 부족에서 발생하는 불필요한 오해와 경영비용으로 인식하였다. '경영환경설명회', '임직원 Hof Day', '노사협의회' 등 다양한 방법을 통해 '터 놓고 이야기함'으로써 원활한 경영혁신을 모색하고 상호신뢰를 만들어 나가는 노력을 시도하였다.

이러한 대화의 장 초기에는 일부 인사가 발언을 독점하기도 하고, 경영진의 일방적인 이야기만 크게 들리기도 하였다. 제안이 불만으로 받아들여져 야단을 맞는 경우도 있었고 중요한 논의는 조목조목 이유를 달아 거절당하는 경우도 많았다. '이야기해 봤자 본전을 건지기 어려운 대화의 장'이라는 인식이 일부 직원들에게 확산되면서 'KITA Talk'의 필요성에 대해 의문을 제기하기도 했다. 그러나 시간이 흐르고 대화가 거듭될수록, 경영환경의 변화와 협회 추진사업에 대한 상호이해와 신뢰가 형성되어 가는 긍정적 효과를 얻게 되었다.

협회 직원들은 2001년 여름, 아주 색다른 '열린 대화의 장'을 경험하였다. 이날 무역협회를 방문한 김대중 대통령은 와이셔츠 차림으로 젊은 직원들과 함께 자리하여 격의 없는 대화를 나눴다. 협회 직원들도 유례없는 대통령과의 Hof Day 행사를 아주 편안하고 즐겁게 함께 했다. 이날은 직원들에게 아주 자랑스럽고 뜻 깊은 'KITA Talk'로 기억에 남아 있다.

상처는 시간과 함께 치유된다. 그리고 이상하게도 상처는 아주 커다란 구호와 제도적 장치를 통해서라기보다는 일상 속의 작은 정과 배려 속에서 회복되곤 한다. 작은 따뜻함들은 시간과 더불어 치유되어 가는 상처를 아물게 하는 연고 같은 것들이다. 그것은 공동체 의식의 여기저기에 생겨난 균열을 메우는 따뜻한 닭고기 수프 같은 것이기도 하다.

집필메모 3

혁신의 가장 어려운 부분은 사람이다. 조직을 바꾸고, 프로세스를 개선하고, 시스템을 만들어 내고, 제도를 혁신하는 것은 상대적으로 쉽다. 많은 사례와 연구 결과를 가지고 있다. 비교적 쉽게 배워 오고, 적용할 수 있다. 그러나 이 새로운 시도와 모색이 현장에서 작동하려면 반드시 사람의 문제를 해결해야 한다. Human-side Quality, 이것이 개혁과 혁신의 성공을 쥐고 있는 보이지 않는 힘이다.

1. 절단은 다른 치료 방법이 없을 때 시도하는 치료법이다. 마찬가지로 사람을 줄이는 것은 조직 치료의 마지막 수단이어야 한다. 줄이기 전에 모든 가능한 다른 방법을 찾아 시도해 보아야 한다. 조직은 떠나는 사람들의 것이 아니다. 그것은 언제나 남아 있는 사람들의 것이다. 해고는 떠나보냄으로써 끝나는 것이 아니라 남아 있는 사람들의 사기와 충성과 열정에 치명적 상처를 남기게 되기 때문에 마지막까지 쓰기를 아껴야 하는 카드다. 특히 한국처럼 관계 중심적 공동체문화가 강한 조직에서는 미국적 개인주의적 환경에서보다 잃는 것이 훨씬 많다.

2. 그러나 방만한 경영의 결과가 누적적으로 쌓여 다른 방법이 없이 강제적 인력조정을 할 수밖에 없을 때는 이를 피하지 마라. 특히 공익조직은 자체 직원을 위해 존재하는 것이 아니라 공공의 고객을 위해 존재한다. 세금은 낭비되어서는 안 되며, 국민은 좋은 서비스를 받을 권리가 있다. 수술은 단호해야 한다. 완전하게 도려내야 회생할 수 있다. 하는 '척'해서는 안 된다. 조직 전체를 궤멸시킬 수 있다. 특히 전문성이 부족한 다각화를 통해 기존 인원을 유지하려 하지 마라. 비전문성과 졸속한 결정으로 사업을 망치고, 조직을 더욱 곤경에 처하게 하고, 국민의 세금을 낭비하게 한다. 잠시 모면할 수 있을지 모르지만 결국 통폐합되거나 민간 서비스로 이양될 수밖에 없을 것이다.

3. 줄일 수밖에 없다면 상처와 출혈을 최소화할 수 있는 적절한 방법을 찾아내라. 분사Spin Off는 모조직과 적절한 관계설정을 통해 성공률을 높일 수 있는 한 방법이다. 무역협회의 EC21, G&B는 모두 성공적인 분사였다.

조직의 한 기능을 잘라 내어 분사하는 것은 조직의 구조조정 방식 중에서 가장 잘 쓰이는 전형적 도구 중의 하나다. 대체로 다음과 같은 현상을 이해하고 적절하게 운영한다면 크게 도움이 될 것이다.

1) 우선 분사는 그 당사자들을 두려움으로 몰아넣는 경우가 많다. 조직의 구성원으로 봉급이라는 안정적인 수입원을 가지고 살아 가던 직장인이 분사의 직원이 되어 나간다는 것은 울타리 밖으로 내몰리는 다른 형태의 퇴출로 인식하는 경우가 많다. 실제로 무역협회의 G&B 분사는 진통을 겪었다. 코엑스의 설비파트 노조는 완강하게 거부했고 3개월 동안 파업을 하기도 했다. 따라서 적절한 경영지원과 일정 기간 동안의 적자 보존 장치에 대하여 고려해야 한다.

2) 가장 중요한 것은 당사자들이 분사라는 방식이 개인적인 명예퇴직보다 훨씬 경쟁력 있는 구조조정 방법일 수 있음을 스스로에게 설득하는 것이다. 분사 자체를 하나의 창업으로 인식해야 한다. 분사가 이루어지는 경우 그 대상이 되는 부문은 대부분 모기업의 핵심 기능이 아니다. 대체로 지원 업무부서인 경우가 많다. 모기업의 핵심 부서에서 벗어나 있기 때문에 그곳에서 자신들의 경력관리를 잘해 나가는데 어려움을 가지고 있는 부서인 경우가 태반이다. 따라서 분사와 더불어 자신들의 업무를 특화하여 동료들과 함께 차별적인 서비스를 제공하는 회사를 하나 차려 운영하겠다는 생각과 자세의 전환이 중요하다. 바로 이 점에서 '제2의 경력을 만들어 가는 창업'이

라는 절체절명의 절박감으로 무장되어 있어야 한다. 매월 정해진 날짜가 되면 먹고살 양식이 나오는 순치된 직장인에서 스스로 사냥감을 찾아야 하는 야생의 경영자의 자세로 전환할 수 있을 때 분사는 직업적 경력의 훌륭한 전환점이 될 수 있다.

3) 비즈니스 수익모델을 빨리 찾아야 한다. 처음 분사할 때는 '매일 해 오던 일상의 일'이 시장에 내다 팔 수 있는 차별적 서비스가 되어야 한다는 중압감을 느끼게 되는 것이 일반적이다. 그러나 반드시 돈을 받고 팔 수 있는 차별적 서비스로 만들어 내야 한다. 고민해야 하고 공부해야 하고 전문화되어야 한다. 일정 기간은 모기업의 지원을 받아야 하고 적자 보존 등의 안전장치를 만들어 내야 한다. 그러나 가장 중요한 것은 일정 기간 동안 주어진 실험적 시기 안에 자립할 수 있는 수익모델을 만들어 내는 데 총력을 기울여야 한다는 것이다.

4. 인력조정이 시작되면 대체로 다음과 같은 부작용들이 발생하게 된다. 서로 상처를 입혀 가는 과정이다. 동일한 병은 동일한 증상을 수반하듯이 인력조정은 어느 조직이나 비슷한 반작용을 수반한다. 다만 조직에 따라 그 강도가 다를 뿐이다.

- 시위와 파업 그리고 소모적 투쟁
- 투쟁 과정 중 행해지는 개인의 극단적 저항/자해/폭력/협박
- 업무를 통해 알게 된 조직 비리에 대한 고발 혹은 무고
- 인력조정 담당부서나 개인들의 심한 스트레스/질병
- 끊임없는 소송

5. 인력조정이 끝나면 오랜 동안의 부드러운 치유행위가 뒤따라야 한다. 신뢰의

상실, 불안정과 두려움, 유능한 직원의 자발적 일탈, 무기력과 수동성 등은 인력 조정 후에 조직 구성원이 앓게 되는 일반적 증후군이다. 따라서 신뢰를 쌓고, 역량을 계발하고, 열정을 바칠 수 있는 제도적 장치를 마련하고 인내심을 가지고 실천해야 한다. 이때 현장과 일상에서의 작은 배려와 애정이 공허한 제도적 진공을 메워 주는 신뢰의 접착제 역할을 하게 된다. 신뢰와 애정이 없이는 어떠한 제도적 장치도 현장에서 작동하지 않는다는 것을 명심해야 한다.

6. 경영진과 노조는 투쟁적 역학관계에서 상생적 관계로 전환해야 한다. 누구나 하는 좋은 말이었지만 쉽지 않았다. 그러나 분명한 것은 그것보다 더 좋은 방법은 없다는 것이다. 갈등이 나쁜 것은 아니다. 중요한 것은 갈등과 문제가 있을 때마다 풀고 해소함으로써 더욱 믿을 수 있는 파트너로 성장하는 것이다. 상대방의 고통에 귀 기울일 수 있는 자세가 전제되어야 한다. 귀 기울임, 이것이 신뢰의 시작이다.

04 신진대사를 촉진하고 새로운 문화적 DNA를 만들어 내라

1999년 2월 어느 날, 무역협회의 모든 임직원들이 강당에 모였다. 자유로운 토론의 장이었다. 인사에 대한 불만이 쏟아져 나오자 김재철 당시 신임 회장은 총무부장, 기획조정실장 등 사내 주요 요직에 적당한 인물을 종이에 써 내게 했다. 이례적으로 민선民選 총무부장, 기획조정실장이 특진 성격으로 탄생하였다. 이는 극적인 조치이기는 하나 뿌리 깊이 박혀 있던 인사 관행과 인맥을 타파하는 데 크게 기여한 상징적 사건이었다.

사람이 아프면 치료가 급선무다. 환자의 증세에 따라 치료의 방법은 다양하다. 생명을 살리기 위해 모든 방법들이 강구된다. 그러나 병이 깊을수록 극단적인 처방을 피하기 어려워진다. 다행히 생명을 보존하게 되고 응급조치의 상황이 지나가게 되면 그 다음부터는 건강을 회복하고 다시 더 훌륭한 일상이 이루어질 수 있도록 자신의 건강을 관리해야 한다. 근육을 키우고, 운동을 하고 식이요법을 하며 자신을 위험으로 몰아넣었던 과거의 방만과 결별해야 한다. 조직의 질병과 회생의 과정 역시 다를 바가 없다.

1. 응급처치가 끝나면 자력으로 치유한다

분사와 인력조정을 통한 치료 과정은 무역협회에게나 개인에게나 어려운 과정이었다. 바라는 것이 있다면 다음에는 이런 극단적인 처방이 필요치 않도록 지속적인 변화와 개선을 통해 건강하고 열정적이며 전문적인 조직으로 거듭나는 것이다. 변화는 일회적인 것이 아니다. '변화가 곧 일상'인 혁신조직의 문화적 DNA를 만들어 내야 한다. 무역협회 역시 인력조정 이후 자력으로 치유할 수 있도록 근본적인 체질개선에 나서게 되었다. 조직을 개편하고 조직의 운영 방식을 바꾸고 새로운 직원을 채용하고 투명한 평가제도를 도입하고 체계적 경력관리를 위한 작업을 시작하였다.

조직은 새롭고도, 날렵하게 : 조직구조 및 운영의 혁신

작은 일 하나에도 사원은 대리의 지시를 받고 대리는 과장의 지시를, 과장은 차장의 지시를 받는 층층시하 수직적 구조를 가지고 있던 무역협회는 2001년도 팀제를 도입한 이후 수직적 계층구조가 완화되었다. 그러나 중요한 것은 조직의 껍데기를 바꾸는 것이 아니라 새로운 모습 뒤에 숨어 있는 문화와 정신을 바꾸어 가는 것이었다. 즉 팀제의 도입 자체가 중요한 것이 아니라 팀제의 도입에 따른 패러다임의 변화와 문화가 중요하다는 뜻이다. 무역협회는 수직적 권위주의의 문화에서 팀제를 통해 수평적인 문화로의 이동을 모색해 왔다. 그것은 시간이 걸리는 작업이기도 하다. 팀제 역시 서서히 이질감 없이 조직의 권위주의를 몰아내고 자율적이고 수평적인 조직으로 진화해 가는 데 시간이 필요했다.

팀제가 도입된 이래 연공서열 우선의 문화에 변화가 생겨나기 시작했다. 우선 직위와 직급이 별개임을 인식하기 시작한 것이다. 상부 중앙으로 집중되던 권한이 하부로 많이 위임되었다. 경직적이고 수직적이었던 조직구조는 수평화되어 유연성을 확보하였으며, 권한의 하부 위임이 가능한 책임경영제의 기반을 마련해 주었다. 1999년 69개에 달했던 조직수가 현재 46개로 슬림화하였다.

2000년 3월에는 조직이 책임경영을 위한 사업본부제로 변경되었다. 개별 본부는 회장과 경영계약을 체결하고 책임경영을 실현한다. 반면에 신규사업 수요를 적시에 반영하고 탄력적인 운영을 하기 위하여 부설기관을 두어 운영하고 있다. 무역협회의 부설기관은 국제물류지원단, 전자무역추진센터, 전략물자무역정보센터, 무역기금 등의 4개가 있다. 부설기관을 운영함에 있어서 물적, 지원투자에 있어 무역협회가 전적으로 지원하지 않고 아웃소싱 혹은 유관부서의 협조를 통해 비용 절감 및 효율성을 제고하고 있다.

속도는 중요한 경영자원 : 신속한 의사결정을 위한 제도개선 및 운영
조직의 의사결정단계가 축소되면서 의사결정이 빨라지고 신속한 업무처리로 고객만족도가 제고되고 조직문화와 분위기도 수평적이고 자유로워질 수 있었다. 또한 한 본부 내 20명 내외 인원을 유지하여 적정 관리 범위span of control 내에서 효율적 인력관리가 가능해졌다.

조직은 슬림해졌지만 의사결정에 있어서는 여전히 시간이 걸렸다. 무역협회는 의사결정력과 속도를 제고하기 위해서 조직의 계층수를 줄이는 제도적 변화 외에도 '결재 실명제'와 '처리기한제' 같은 다양한 프로그램을 도입하게 되었다. 결재 문서를 작성할 때 작성자를 명기하고 기안부터 최종 결재까지 이틀을 넘기지 않도록 처리기한을 정함으로써 의사결정 속도를 제고한 것이다.

다음 단계로 2001년 전자결재와 화상회의 시스템을 도입하게 되었다. 하드웨어를 도입하여 강제적으로 변화를 유도하기보다는 실제 업무에서 속도를 높여 두고 이것을 자연스럽게 시스템화한 것이다. 전자결재제도는 전사적 지식관리 시스템인 KMS 및 경영정보 시스템과 연계하여 정보의 공유 및 신속한 결재를 동시에 도모할 수 있도록 하였다.

의사결정의 신속화를 위하여 2004년 도입된 화상회의 시스템은 업무회의 시간을 줄여 주는 한편, 무역상담 및 법률자문 등의 다자간 상담을 할 때도 활용되고 있다. 쌍방향 커뮤니케이션 플랫폼으로 구성되어 있으며 파일 전송, 음성과 영상 동시전송으로 신속한 정보교환이 이루어지고 있다. 회의시간 및 의사결정 대기시간, 출장비용 및 기타 회의를 위한 비용의 절감효과를 자체 환산한 결과 연간 3억 5,000만 원의 절감효과가 발생된 것으로 추정되고 있다.

'이젠 경영도 e Click시대' : 경영정보화와 프로세스의 개선

2005년 7월 도입된 BPM을 통해 업무 처리의 단순화와 자동화를 도모하게 되었다. 업무 처리시간 단축 등에 따른 절감액은 연간 4억 8,000만 원 정도로 추산되고 있다. 또한 전자결재 및 문서관리시스템인 EDMS는 2001년 도입되어 결재 대기시간 단축 및 업무의 온라인화로 프로세스를 표준화하여 스피드 경영의 기반을 마련해 주었다.

무역협회는 각종 업무지원 시스템을 구축하고 이의 효율적인 운영과 통합을 위하여 ISP Information Strategy Planning에 따라 경영정보 업그레이드, 업무 프로세스 개선/성과관리체제 구축, 홈페이지 컨텐츠 보강, IT인프라 개선, 고객정보의 통합적 관리를 통한 대회원 서비스 강화 등의 5개 부문의 정보화를 추진하였다.

1) 경영정보 시스템 업그레이드 추진

재무회계, 예산관리, 세무회계, 자산관리, 자금관리, 인사/급여 등의 시스템을 통합 관리 운영하는 통합회계 시스템KAMIS을 구축하였다. 이를 전자결재 시스템과 연계하여 현업에서 손쉽게 입출금 전표를 처리할 수 있도록 프로세스를 단순화하였다. 품의 데이터를 이용하여 지출 계획서 형태로 전환하여 품의서를 작성하면 자동으로 유형별 전표로 연결되도록 구성한 것이다. 이러한 프로세스 개선으로 전표처리 실무자의 업무부담이 10% 이상 절감되었다.

또한 회비, 아카데미 수강료 등의 수익 관련 시스템과 연계하여

입금내역에 대한 회계처리를 자동화함으로써 과거의 개별 중복적인 수작업을 방지할 수 있었다. 사용자 전표처리 부분을 웹서비스로 개발하여 언제 어디서든 실시간으로 업무 처리가 가능하도록 구현하였다.

2) 업무 프로세스 개선 및 성과관리시스템 구축

업무 프로세스의 혁신을 위해 BPM을 도입하였다. BPMBusiness Process Management은 기업 내외의 업무 프로세스를 표준화, 가시화하고 업무 수행과 관련된 사람과 IT시스템을 프로세스에 맞게 실행, 통제하며, 전체 업무 프로세스를 효율적으로 관리하고 최적화할 수 있도록 지원하는 시스템이다. 무역협회는 이를 국내외 전시회, 사절단/시장개척단, 바이어 상담회, 교육 연수, 설명회/세미나, 무역상담, 무역의 날 포상 등의 8개 주요 고객 서비스 업무에 적용하였다.

이를 통해 핵심 사업을 온라인으로 진행하는 과정에서 협회 회원업체 DB 정보를 자동으로 업데이트하고 회원사별로 주요 서비스 이용자 및 이용 내역을 이력화하여 관리할 수 있었다. 이를 통한 통합적인 고객관리CRM를 통하여 회원사를 관심 지역, 품목별로 분류하여 협회서비스 지원을 최적화할 수 있었으며, 내부적으로는 비회원사의 회원가입 유도 등의 업무에 활용할 수 있었다. 업무 처리 절차가 표준화 되고 처리단계별로 담당자에게 자동 통지되는 업무 처리 자동화에 따라 전체적인 처리시간이 감축되어 이를 비용으로 산정하면 연간 약 2억 3,000만 원에 이른다.

한편 구매의 투명성을 제고하고 다양한 거래선을 확보하여 행정 업무의 편의성을 제고하기 위하여 2004년 기준으로 사무용품, PC 등 MRO 물품을 제외한 연간 32억 원 규모의 물품을 인터넷에서 구매하고 있다.

뿐만 아니라 핵심 사업의 진행 정도를 실시간으로 모니터링하여 의사결정을 신속화할 수 있었다. 또한 BPM 업무 처리 내역을 BSCBalanced Score Card 기반의 성과관리시스템과 연동하여 사업이 성과로 연결될 수 있는 통합 시스템을 구성하고, 성과평가의 객관성과 공정성을 확보하였다. 업무 처리 절차가 투명해지고 직원들은 업무에 필요한 지식을 얻고 업무 오류를 줄여 외부고객인 회원사와 내부고객인 임직원의 만족도를 제고할 수 있었다.

성과관리를 BSC 기반으로 시스템화하여, 사업의 성과를 재무/공익, 고객, 활동, 역량 등 협회의 특성에 맞게 재설계된 4가지 관점에서 측정/평가할 수 있게 구성하였다. 평가체계가 인사, 보상과 연결될 수 있도록 연동하였으며, 조직별 실시간 평가결과, 각 평가지표별 세부 내역 검색, 평가 내역에 대한 분석 등의 평가정보를 실시간으로 공유하여 투명성과 효율성을 확보할 수 있었다. 또한 평가관리 업무가 간소화되고 평가 검증 작업이 단축되어 이의 효과는 연간 1억 원에 이른다.

3) 홈페이지KITA.net 컨텐츠 보강
무역협회에는 매주 약 800건의 전화, 인터넷을 통한 상담이 진행된다. 그러나 대부분이 반복적 내용이었다. 이에 무역협회는 키타넷 KITA.net 홈페이지의 무역지식검색 서비스를 구현하여 키워드 방식의 지식검색으로 질의에 대해 즉시 답변할 수 있는 시스템을 구현하였다.

회원사에 대해 차별적인 서비스를 제공하기 위해 이메일 용량도 200메가로 확대하고 웹하드 서비스도 개시하였다. 3년간 약 2억 3,000만 원의 투자비가 들었지만 5억 1,000만 원 이상의 효과를 볼 수 있었다.

EU, 중국 무역 지원센터 등 지역별 사이버 무역지원센터를 구축하여 지역별 특성에 맞도록 업체지원을 하고 있으며, 한국, 미국, 일본, 중국 무역통계를 비롯하여 EU 25개 회원국의 수출입통계 제공 및 맞춤형 정보서비스를 지원하는 무역통계 포털 서비스를 구축하여 국내 최대 무역통계 집계기관으로서의 전문성을 제고할 수 있었다.

4) IT인프라의 개선

신규 도입된 전산화에 적합하도록 IT인프라도 대대적으로 개선하였다. 인터넷 해킹 방지를 위해 방화벽을 이중화하고, 고성능의 공용 저장장치인 스토리지를 구비하여 업무별 자료 저장을 집중화하였다. 이를 통해 데이터의 백업과 리커버리 시간이 20%이상 감축되었다.

5) 고객정보의 통합적 관리를 통한 대회원 서비스 강화

전사적인 고객정보의 효율적인 활용을 위해서 부서별, 사업별로 관리되던 고객 DB를 통합 관리하게 되었다. 회원서비스팀 7만 9,000개, e서비스팀의 16만 개, 동북아물류실의 3,000개 등의 고객 DB에 전시컨벤션팀의 11만 개, 무역아카데미의 5만 개 등의 고객 DB를 통합하여 관리하는 것이다. 고객을 유형별, 특성별로 분리하여 고객 분석도 가능하도록 구현하였다.

고객 성향별로 캠페인 메일 발송 및 서비스 제공 이력 등이 자동 관리되고 있다. 회원 맞춤 서비스, 적절한 회원 응대 및 마케팅/캠페인 등으로 다양하고 시의 적절한 서비스를 제공할 수 있게 되었다.

2. 젊고 뜨거운 피 – 조직의 DNA가 달라진다

무역협회 내에 입사기수는 '혈통'이라 할 만큼 외부인사의 영입이 철저히 차단되어 공채입사 중심으로 운영되는 폐쇄적인 조직이었다. 그러나 인력조정에 의해 인력구조의 변화가 일어나면서 새로운 인력활용에 대한 모색이 필요하게 되었다.

무역협회 인력의 보충은 크게 두 가지로 이루어졌다. 첫째는 줄어든 인력의 공백을 메우기 위하여 비핵심 업무에 대해서는 파견직을 도입하고 외부전문인력을 아웃소싱하여 전문계약직의 형태로 활용하게 되었다. 전문계약직 및 객원연구원들은 물론 무역연구소 소장(전무급)도 전문계약직의 형태로 운영이 되고 있다. 비정규직의 근로의욕 고취 및 생산성 제고를 위하여 비정규직에 대해서도 승진 개념을 도입하여 매년 10% 정도의 인력을 계약직으로 전환하도록 했다.

　둘째는 신입직원의 충원이다. 인력조정 과정의 전반기에 무역협회는 신입직원을 전혀 선발하지 못했다. 그러나 '인력조정'이 아닌 '구조개혁'이 되기 위해서는 나간 만큼 적당한 양이 새로 들어와 젊은 피가 순환이 될 수 있어야 한다고 믿었다. 인력조정 과정에서 내보내는 데 주력했기 때문에 균형을 잡아 주지 못했던 신입직원의 충원이 인력조정을 시작한 지 5년 만인 2000년부터 시작되었다.

젊은 피의 새로운 유입

무역협회에 들어오기는 하늘의 별 따기와 같다. 평균 200대 1 정도의 높은 경쟁률을 뚫고 들어와야 한다. 업무에 대한 보람과 국제통상 업무에 대한 기대는 매년 경쟁률을 더 높여 주고 있다. 당연히 고학력의 우수한 엘리트들이 유입되었다. 기존의 선배들은 새로 들어오는 신입직원들이 너무 고급인력이라 걱정하기도 했다. 그들이 들어온 만큼 선배들이 나가야 하는 중압감이 되기도 했다. 그러나 젊음은 좋은 것이다. 그것은 새로운 피고 열정이었다. 신입직원들이 들어온 이후 가장 큰 변화는 조직이 젊고 밝아졌다는 점이다. "장례식 일색의 경조사에서 이제 결혼식도 있는 경조사가 되었다"고 농담을 할 정도로 신입직원들은 조직에 활력을 불어넣었다. 신입직원들의 패기와 열정은 기존 직원들에게도 신선한 자극을 주게 되었다. 신입직원 중에 여직원들이 많게는 절반까지 들어오면서 남성 중심의 조직에도 변화의 바람이 불게 되었다.

무역협회의 변화에 대하여 기존 직원들과 신입직원들의 반응은 사뭇 다르다. 기존의 직원들은 무역협회가 그동안 걸어온 개혁의 길을 생생히 기억하고 있고 그 속에서 살아남았으며 과거와의 차이를 잘 인식하고 있었다. 그들은 대부분 "우리는 참 많이 변했다"라고 말한다. 그러나 신입직원들은 아직도 무역협회가 보수적인 조직이라고 생각하며 더 강력한 변화를 원하고 있는 것으로 나타났다.

나는 신입직원 및 젊은 직원들과의 인터뷰를 주선해 달라고 부탁했다. 무역협회가 이들을 받아들이며 자신의 핏줄 속에 불어넣고 싶었던 젊은 피들의 젊음이 현실적으로 얼마나 잘 현장에서 제 몫을 하고 있는지 알고 싶었다. 나는 그들에게 무역협회에서 일한다는 것에 대한 솔직한 심정을 털어놓기를 요청했고, 그들은 자신과 조직을 위해 솔직한 비판과 제안을 아끼지 않았다. 나는 이것이 바로 젊은 피들의 가치며 힘이라고 생각한다.

볼드리지 평가관으로 세계의 여러 나라의 조직들을 진단하고 평가할 때 내가 깨달은 것은 제도와 현장 사이, 철학과 현실 사이, 해야 할 일로 규정된 것과 실제로 행해지는 것들 사이의 간격을 이해하는 것의 중요함이었다. 나는 현장에서 일상적으로 벌어지고 있는 일과 감정과 느낌이 곧 현실이라는 것을 깨달았다. 현실이란 제도도 아니고 새로운 프로세스도 아니며 새로운 조직을 의미하는 것도 아니다. 그것은 실제로 벌어지는 일 그 자체, 바로 직장에서의 일상을 의미했다.

그래서 이곳에 이들과 인터뷰한 내용들 중에서 중요한 것들을 그들의 육성으로 직접 옮겨 두도록 하겠다. 그들은 대부분 입사한 지 2~5년 된 젊은 직원들이었다.

"젊은 피에 새로운 조직 DNA가 함께 실려야 합니다" : 신입직원들의 젊은 이야기

Q 무역협회에서 꿈꾸는 자신의 미래는 어떤가? 무역협회에서 10년간 일하면 어떤 사람이 되어 있을 것 같은가?

* 입사한 지 18개월 됐는데 아직 잘 모르겠다. 10년 후면 결정이 날 것이다. 무역협회는 다른 직장에 비해 평생직장의 성격이 강하고 대외적으로 경쟁도 덜하다. 사회에서 떠들어 대는 '전문가 지상주의'도 약한 편이다. 향후 5년 동안 내 색깔과 방향을 찾아야겠다.

* 무역협회는 전문가나 창의적인 사람보다는 전체적으로 무난한 사람들을 선호하는 것 같다. 인간관계, 외국어 능력 같은 일반적으로 중요시하는 것을 중요하게 생각하는 것 같다. 승진도 대략 그런 기준으로 이루어지고 있는 듯이 보인다.

* 주변 친구들이 자신의 업무나 회사 이야기를 할 때 나는 안도한다. 친구들에 비해 내 생활이 안정적이고 편하기 때문이다. 한마디로, '좋다'. 하지만 다른 한편으로, 친구들에 비해 나의 경쟁력은 점차 떨어지고 있지 않을까 하는 부분을 생각하면 답답해진다.

* 나는 무역협회가 두번째 직장이다. 처음 무역협회에 왔을 때 실적에 대한 압력이 없다는 점이 가장 좋았다. 복지수준도 좋은 편이다. 그래서 처음에는 무척 좋았다. 그러나 2~3년 지나고 이전 직장의 동료들이 좋은 조건으로 스카우트되고 창업도 하는 것을 보면서 생각이 바뀌었다. 그들의

경쟁력은 시간이 흐를수록 높아졌다. 그에 비해 나는 어떤가? 조금씩 나의 경쟁력에 대해서 스트레스를 받게 됐다. 계속 무협에만 있을 거면 괜찮을지 모르지만, 혹시 이직이나 전직을 해야 한다면 어떻게 해야 할지 의문이 든다. 이전 직장의 동료들처럼 나도 직장을 옮기거나 창업을 할 수 있을까? 솔직히 자신이 없다.

Q 직원들이 해외 직무 연수에 대한 관심이 많을 것 같다. 해외 직무 연수는 조직으로서는 큰 투자인데, 이것이 전문성의 배양과 잘 연결되어 있고 만족스러운가?

* 사실, 직무 연수 다녀와서 연수와는 전혀 상관이 없는 업무를 맡는 경우가 비일비재했다. '직무 연수 따로 현업 따로'였던 것이다. 해외 직무 연수와 현업(전문성)이 함께 갈 수 있도록 더 노력해야 한다.

* 해외 직무 연수 프로그램 자체에도 문제가 있다. 현재 직무 연수 프로그램은 총 5개이다. 선택의 폭이 적다. 직무 연수 프로그램이 다양화되어야 한다. 연수 기간도 현재는 1년으로 고정되어 있다. 연수를 다녀온 사람들은 1년이라는 시간이 짧았다는 말을 종종 한다. 1년이라는 기간상의 제약은 연수 코스를 다양화하지 못하는 데 한몫하고 있다고 생각한다. 좋은 프로그램이더라도 1년 이상의 기간이면 허용되지 않기 때문이다.

* 해외 직무 연수는 모든 직원들이 신청 가능하지만, 실제로 가는 사람은 젊은 직원이 아니라 '갈 때가 된 사람'이다. 직무 연수는 교육이라기보다는 보상의 성격이 강한 것 같다. 보상이 나쁘다는 것은 아니고, 교육과 보상 차원 간에 적절한 균형이 필요하다는 뜻이다. 현재는 보상의 성격이 강하다.

* 회사가 무작정 연수 기회를 넓힐 수는 없을 것이고, 선배들에게 보상의 형

식으로 주어지는 해외 연수 역시 개인적으로 전문화되기 위한 좋은 전환의 기회라고 생각한다. 그렇다면 회사와 개인이 반반씩 연수의 비용을 대는 방식을 통해서라도 전문성을 위한 투자가 확대되는 것이 좋아 보인다.

Q 무역협회의 조직문화에 대해서는 어떻게 생각하는가?

* 과거 무역협회는 서비스 제공자라기보다는 인허가조직이었다. 그때의 자세와 방식에 익숙한 직원들이 아직도 많다. 과거의 고루한 자세와 관행적 방식에 반대하는 직원들도 있다. 이런 직원들은 대체로 젊은 직원들이다. 그러나 서로 극단적인 갈등을 피하기 위해 노력한다.

* 아직도 옛날의 자세와 관행을 따르는 직원들이 적지 않다. 승진을 예로 들어 보자. 월등한 성과를 낸 직원이 있다고 하자. 일반적인 기업에서라면 파격적인 승진을 시킬 수 있을 것이다. 무역협회라면 어떨까 생각해 보았다. 파격적인 승진은 없을 것이다. 그리고 뛰어난 성과를 낸 직원 당사자도 그것을 원하지 않을 것이다. 무역협회는 '파격을 원치 않는 조직'이다. 파격을 시도하거나 파격의 대상이 되는 직원은 고립되기 쉬운 문화이다.

* 나는 변화의 목소리를 조직 내부보다 외부에서 더 많이 듣는다. 변화해야 한다는 자극도 내부보다는 외부(언론, 여론, 친구, 기업)에서 받는다. 아마 신입직원과 젊은 직원 대부분이 그럴 것이다.

* 나는 과거에 진행된 인력구조조정을 체험했다. 당시 사람들이 떠나는 것을 보았다. 비슷한 연령대의 젊은 직원들이더라도 인력구조조정을 경험한 직원과 경험하지 못한 직원들 간에는 변화를 인식하는 눈이 다른 것 같다. 신입직원이나 젊은 직원들이 무역협회 내에서 변화에 대한 압박을 받지 않고 있다고 말하지만, 과거를 경험한 직원은 조직 내에서 변화의 목소리를 강하게 체험했고 그 기억은 지금도 선명하다.

Q 지금의 젊은 직원들은 무역협회를 변화시키는 변화의 힘으로 작용할까, 아니면 시간이 지나면서 스스로 동화하여 동일한 피가 되고 말까?

* 별로 변할 것 같지는 않다. 우리에게는 변화를 일으키는 절실함이 떨어진다. 만약에 내가 변화하지 않으면 다음 달 월급이 나오지 않는다면 나는 변화한다. 먹고살아야 하니까. 누구든지 그럴 것이다. 기존 직원들도 마찬가지다. 그러나 외부의 압력 없이 내부적인 자극만으로는 변화되기 어렵다. 아마도 나는 무역협회의 문화에 동화되고 기존의 방식에 적응할 것 같다.

* 나는 이미 어느 정도 동화됐고 지금도 동화되어 가고 있는 중이다. 우리 팀에는 10명이 넘는 팀원이 있는데, 대부분 다 내 선배들이다. 내가 새로운 아이디어나 방법을 제안해도 위의 사람들은 변하지 않는다. 지속적으로 젊은 직원들이 들어오면 바뀔 것이라는 생각도 들지만, 솔직히 말해 별로 변하지는 않을 것 같다. 신입직원들이 들어와도 내가 그런 것처럼 동화될 것이고, 또 다른 신입직원이 오면 또 동화될 것이다. 주변의 동료들을 보면 무역협회를 '가만있어도 굴러가는 조직'이라고 생각하는 사람들이 적지 않은 것 같다.

* 입사하고 3년간은 정말 재밌고 보람 있었다. 많은 아이디어를 제안했고 그것을 실현시키고자 노력했다. 그럼으로써 변화시키고자 했다. 그러나 이제는 개선할 수 있고 더 좋은 방법이 있음에도 불구하고 상사의 옛날 방식에 맞춰 가는 나 자신을 발견하곤 한다. 솔직히 두렵다. 그냥 안주하게 될까봐 겁난다.

* 개인적으로는 동화가 아니라 자기계발을 위해 노력하고 있다. 그리고 나는 앞으로 신입직원들이 지속적으로 들어오면 무역협회도 그에 맞춰 변화할 것이라고 생각한다. 실제로 내가 처음 들어왔을 때 일하는 것을 보

고 부서의 직원들은 놀라는 것 같았다. 그들이 자극을 받아 변하는 것을 체험하기도 했다. 특히, 요즘도 우리 팀 사람들은 공부를 많이 한다.

젊은 직원들은 자유분방하고 활발했다. 자신의 주장을 솔직하고 거침없이 개진했다. 나는 무역협회가 무겁고 보수적이며 조용한 조직일 것이라고 짐작했다. 그리고 이곳을 선택한 젊은 직원들도 사기업을 선택한 직원들보다 보수적이고 안정지향적인 젊은이들일 것이라고 추측했다. 문화는 전염이 빠르니까 말이다. 그러나 그것은 선입견이었다. 이 선입견이 적용되는 시간은 꼭 1분이었다. 1분 후 그들은 처음 조용히 앉아 있던 긴장을 깨고 원래의 활달한 젊은이들로 돌아갔다. 그들에게 감사하고 박수를 보낸다.

인력구조조정을 경험한 한 젊은 직원은 무역협회의 변화 과정을 매우 긍정적으로 바라보았다. 그는 무역협회와 직원들의 자세와 일하는 방식이 현격하게 변했다고 평가했다. 그러나 그 변화 과정을 겪어 보지 못한 다른 젊은 직원들의 생각은 달랐다. 이들은 무역협회가 더 많이 변해야 한다고 주장했다. 그러나 내부적으로 변화의 압력이나 징후는 별로 보이지 않는다고 덧붙였다. 몇 명은 외부의 압력이나 어떤 절실함 없이는 변화가 어려울 것이라고 말했다. 한 직원의 말이 인상적이었다.

"젊은 피를 강조하는 것을 이해할 수 있다. 그러나 피는 몸속에서 돌기만 할 뿐이다. DNA(문화)가 바뀌지 않는 이상 큰 변화는 어렵다고 생각한다."

많은 변화를 겪었지만 이들은 공통적으로 무역협회에 대해 더 많은 변화를 요구하였다. 대부분은 무역협회의 보수적인 문화에 대해 답답해했다. 그러면서 자신도 안정적이고 편안한 조직문화 속에서 서서히 그렇게 동화돼 가는 것을 두려워했다. 사기업에서의 변화는 그렇게 필사적이며, 불안정한 것이며, 가혹한 것이다. 그들은 대체로 자신들이 비영리조직에서 일하면서 이익보다는 사회적 가치와 공익을 위해 일한다는 자부심을 가지고 있었다. 그래서 가능성이 많은 조직 속에서 일한다고 느끼기도 했다.

젊은 직원들의 주장은 퇴직자들이나 경영진들의 주장과 달랐다. 물론 개인마다 조금씩 달랐지만 두 집단과는 다른 뉘앙스를 가지고 있는 제3의 목소리들이었다. 이 차이, 이 건강한 갈등 속에서 새로운 균형을 찾아가는 끊임없는 변화가 만들어지고 그리하여 늘 새로운 조직으로 거듭날 수 있는 것이다. 문제의식과 건강한 갈등과 긴장이 없는 조직은 이미 죽은 조직이다.

새로 수혈된 젊은 피인 그들이 조직의 DNA에 어떠한 변화를 가져올지는 좀더 지켜볼 일이다. 그들이 스스로 변화하고 이를 통해 본인들이 바라는 조직으로 현재의 조직을 바꾸어 내는 매혹적인 힘이 되기를 바란다. 그곳에서 일했다는 사실만으로도 자랑스러움을 느낄 수 있는 조직이 될 수 있는가의 여부는 결국 무역협회 임직원들 모두의 자발적인 변화에 달려 있다.

3. 투명하게 평가하고 성과에 따라 보상하라

1999년부터 무역협회에는 새로운 인사의 바람이 불었다. 주요보직의 민선보임과 다면평가제도가 그것이다. 무역협회 직원들이 가장 불만을 갖고 있는 것 중 하나가 투명하지 못한 인사관리였다. 일명 '개고기 인사'라 불릴 만큼 인사의 줄서기 현상이 심했다. 이 말은 개고기를 좋아하는 상사가 개고기를 좋아하는 사람을 승진시켰다는 유언비어 때문에 생겨난 것이지만 이 속에는 냉소적 진실이 들어 있었다. '내부고객' 관리가 '외부고객' 관리보다 우선시되고 있었다. 고객은 없고 상사만 있는 조직의 가장 일반적 특징 중의 하나였다.

평가의 투명도를 높여라 : 다면평가, 상향평가 그리고 수평평가

투명한 평가를 하겠다고 했으나 이전까지 축적된 데이터가 없었다. 그리하여 이러한 데이터 축적의 일환으로 다면평가제를 먼저 도입하게 되었다. 다면평가의 시작도 민선 팀장을 선임하는 것과 유사하게 직원들이 한자리에 모여 팀장 및 직원들에 대한 의견을 써 내는 원초적 방식에서 시작되었다. 직원들이 인사관리와 관련해서 가장 요구가 높았던 것은 본인들도 상사를 평가할 수 있게 해 달라는 것이었다. 그래서 상향평가제도가 도입되었고 인사고과에 5%가 반영되었다.

　팀장에 대한 다면평가는 수평평가를 포함한다. 현재는 44명 팀장 중 자신을 뺀 43명의 평가를 받게 되는 것이다. 평가 결과를 보았을 때 약 30명 이상이 유사한 균질의 평가를 내리고 있었다. 이 평가는 도입 초기에 성과와 인력관리 등에 대한 다양한 기준이 정립되고 옥석이 가려지는 중요한 잣대가 되어 주었다. 이 자료를 바탕으로 앞으로는 업무 연관성을 고려하여 10명 내외로 평가 대상을 축소할 예정이다.

이렇게 평가에 있어 투명성을 강조한 것이 실효를 거둔 것은 직원과 임원들의 의견을 충분히 듣고 수렴하려는 인식의 전환이 중요한 작용을 했기 때문이다.

인사고과방정식에서 BSC까지 : 성과관리제도의 혁신

해마다 평가 시즌이 되면 무역협회에는 '인사고과방정식'이라는 것이 주요 이슈였다. 성과평가제도는 절대평가와 상대평가를 넘나들며 다양하게 개편이 되었지만 실제로는 여전히 밀어주기 식의 평가가 이루어지고 있었던 것이다.

새로운 인사제도의 원칙은 정해졌다. 성과관리는 철저하게 책임을 부여하고 성과에 대해서는 공정하게 보상하고 잘못한 것에 대해서는 불이익을 받는 신상필벌의 기준을 강화하였다. 이를 위한 공정한 평가가 이뤄지기 위해 절대평가와 상대평가를 넘나들던 성과평가제도를 BSC 방식으로 개편하였다.

재무/공익, 고객, 활동, 역량의 관점에서 평가하는 BSC평가 방식은 이전에 행사 및 업무의 시행 건수를 중점으로 평가하던 기준을 바꾸었다. 시행 건수 대신 시행 결과의 재무적 성과, 설립 목적에 적합한 고객지향적 사업, 그리고 더 효율적으로 하고자 하는 방법을 찾는 프로세스, 전문화를 지향하는 학습 등의 기준을 마련했다. 이제는 업무를 진행함에 있어 그 성과를 핵심성과지표인 KPI를 기준으로 평가하게 된 것이다.

이러한 성과관리 시스템의 도입은 무역협회의 비전 및 전략과 핵심성과지표 KPI를 연계하여 '일 따로 평가 따로'인 현행 평가제도의 문제점을 시정하고 '성과 있는 중요한 일'에 무역협회의 핵심 역량이 집중 투입될 수 있도록 하는 것이 목적이었다.

성과관리 시스템의 개편은 본부별로 되어 있는 책임경영제도 확립 및 협업체제를 구축하는 데도 기여하였다. 본부 평가 결과가 본부장부터 팀원까지 평점에 반영되고, 팀원에 대해서도 본부장 평가가 실시되기 때문이다. 본부 평가, 팀 평가, 개인 평가가 합쳐져서 종합평가가 이루어지는 것이다.

평가제도 개선의 특별한 점으로 '창의력' 평가 결과의 반영 비율이 높아졌다는 점을 들 수 있다. 창의력에 기반을 둔 신규사업의 개발, 혁신을 촉진하도록 창의 역량 및 창의력의 성과 창출도에 대한 평가를 확대한 것이다. 이것은 진정으로 고객을 위한 서비스를 창조하려면 창의력이 중요함을 새삼 깨달았기 때문이다.

고객의 만족도를 성과평가에 : 고객만족도 평가

고객평가제도도 당연히 강화되었다. 이전에 팀 단위 혹은 단발성 평가로 그쳤던 고객평가제도를 사업 단위별로 상시평가체제로 바

꾼 것이다. 고객만족도의 제고를 위해서 평가지표에 고객만족도를
직접 평가지표로 만들어 두었다. 단위 사업별로 만족도를 조사하여
KPI에 반영하고 있다. 고객만족도 평가를 사업별로 세분하고 대상
표본수를 증가시켜 고객만족도 평가의 신뢰도와 공정성을 제고했
다. 고객만족도 평가 비중은 사업의 중요도, 고객의 특성, 접촉빈도
등을 감안하여 10~18% 범위 내에서 팀별로 조정되고 있다.

　회원 서비스팀의 무역상담요원을 예로 들면 팀 성과평가에 '무역
상담/거래 알선/무역 서비스 할인클럽에 대한 고객만족도'가 15%,
개인 종합평가에는 10% 내외가 반영되는 식이다. 만족도에 대한 조
사 방법은 크게 온라인과 오프라인 두 가지 방식을 통해 이루어진
다. 온라인 의뢰고객은 자동만족도 메일을 통해 측정하며, 오프라인
의뢰 고객은 고객의 리스트를 받아 유선상으로 만족도를 조사한다.

평가지표의 양量과 질質을 적정하게 평가하라 : 평가지표 및 목표 수준의 합리적 설정

평가의 객관성, 신뢰도를 높이기 위해 평가지표의 계량화에 역점을
두었으나 비영리조직의 특성상 계량지표의 발굴과 적정한 목표 수
준의 설정은 매우 어려운 작업이었다. 일정 수준 이상의 계량지표
비율을 의무화하자, 현업에서는 비핵심 사업을 제시하거나 달성이
용이한 지표로 계량지표를 구성하여 제출하였다. 이와 같은 방식으
로 제출한 지표는 외견상 70~80%대의 높은 계량화 비율을 보이고
는 있었지만 평가의 의의를 반감시키는 '계량화의 함정'에 빠져 들
어가는 현상이 발생하게 되었고, 주관부서에서 이의 시정을 요구하

여도 현업에서는 생사여탈이 달려 있는 평가지표의 변경에 대해서
는 요지부동이었다.

이의 해결을 위해 협회에서는 핵심 사업 위주의 지표 설정과 함께
동일지표에 대해 투입되는 노력과 성과를 함께 측정하는 이른바
'혼합지표'를 개발하여 지표의 '양과 질'을 동시에 측정토록 했다.
예를 들어 '복합무역 활성화사업 추진 및 성과'라는 지표에는 '사업
추진실적'이라는 계량지표와 '사업성과'에 대한 비계량지표가 동시
에 설정되고 평가자는 사업추진 실적의 질, 사업환경, 관련고객들의
반응 등을 종합적으로 고려하여 정성적인 평가를 하는 것이다. 이와
같이 성과를 측정하는 방식은 계량화된 실적, 고객만족도 평가, 외
부측정기관의 평가, 평가자의 정성적 평가 등 다양한 방법이 사용됨
으로써 70%대 이상의 높은 계량화 비율을 유지하면서도 지표의 질
을 함께 측정하여 평가의 신뢰도와 합리성을 제고해 나가고 있다.

또한 핵심성과지표의 설정시에는 본부별 전략 테마에 따라 결정된
팀별 핵심성공요소CSF ; Critical Success Factors에 따라 구체적 측정지
표인 KPI를 결정하는 톱다운Top-down 방식으로 진행된다. 이는 협
회 - 본부 - 팀 단위의 체계적인 전략 연계를 도모하기 위해서이다.

최근 2년간 사업실적과 목표 대비 달성률과 주요 사업보고시 제
시된 도전적 수치를 감안하여 목표 수준을 조정하고, 측정 방법의
다양화, 계량화를 통해 목표 수준 측정의 객관성을 제고한다.

이러한 평가제도와 시스템이 잘 작동되도록 내부평가단을 구성하여 운영하고 있다. 조직 평가의 공정성 및 객관성 제고를 위해 중견직원으로 구성된 내부평가단을 운영하여 평가지표 및 목표 수준 설정의 적정성 검토 등 평가 조력자 역할을 담당케 하였다.

상시적으로 성과관리 모니터링 시스템을 온라인으로 구축하여 평가 결과의 지속적인 피드백 및 커뮤니케이션을 활성화하여 평가 과정 및 결과를 경영정보화해 두었다. 평가자에 대한 교육 및 불공정 평가자에 대한 제재도 강화시켰다. 평가자 및 담당자에 대한 집중교육 및 커뮤니케이션 강화로 신평가제도에 대한 이해도 및 수용도를 제고시켰다. 불공정평가에 대해서는 평가 주관팀에서 재평가를 요구하고 평가 조정위에서 강제조정 및 제재를 가하게 된다.

이 시각 현재 회원가입률은? : 실시간 성과관리 모니터링 시스템

모든 성과관리 업무는 BPM 및 KMS, 전자결재 시스템 등 무역협회 내 정보처리 시스템과 효율적으로 연계되어 관련사업성과의 실시간 조회 및 검색이 가능하도록 구현되었다. 사업성과의 실시간 조회 및 검색이 가능해짐에 따라 사업 단위별 사업수행 결과의 분석 및 대응방안 등의 신속한 수립이 가능해졌다. 사업실적 및 달성률에 대한 추이 분석 등 사용자 중심의 다양한 데이터 분석을 통해 경영분석 및 예측이 가능해져 경영관리의 신속성, 효율성이 제고되었다. 위의 체계도는 BPM과 BSC성과관리 시스템에 어떻게 연계되는지를 보여 주는 그림이다.

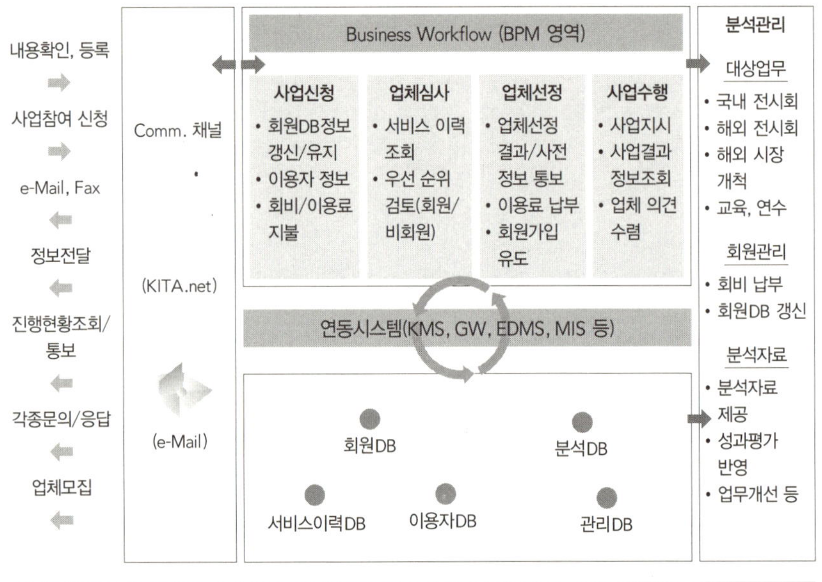

성과에 대한 포상과 보상은 정확하고 철저하게 : 연봉제 및 성과주의형 포상제도 운영

연공 중심의 인사체제를 탈피하고 성과와 능력 중심의 신인사제도의 중심에는 '연봉제'의 실시가 자리잡고 있다. 과거에는 개인별 성과와 능력과는 무관하게 직급과 호봉이 같으면 동일한 급여가 지급되어 임직원의 창의적 노력과 성과에 대한 몰입도가 떨어졌다. 2001년 부서장급에서 우선 실시되고, 2004년부터 전 임직원으로 확대된 연봉제는 새로 도입된 성과평가 시스템과 함께 성과와 능력에 대한 공정한 보상을 강화함으로써 적극적인 조직 분위기와 핵심 경쟁력을 향상시킬 수 있는 기반을 마련하게 되었다.

그러나 제도가 마련된다고 하여 모든 것이 바뀌는 것은 아니었다. 과거의 관행이 여전히 살아남아 있는 경우에 제도란 늘 껍데기에 지나지 않는 것이다. 무역협회 역시 예외는 아니었다. 협회 창립기념일, 무역의 날, 상공의 날 등에서 직원 포상은 다른 기관과 마찬가지로 승진이 임박한 직원을 중심으로 본부별 나눠먹기 식 포상이 관행화되어 있었다. 이 같은 관행은 40대에 과장, 50대에 부장처럼 공식화된 승진적체 상황하에서 포상가점이 승진에 가장 큰 변수로 작용하게 됨에 따라 나타난 자연스러운 현상이었다. 성과와 포상이 따로 놀면서 '일 따로 상 따로' 식 포상문화에 대해 열심히 일한 직원들의 불만도 팽배해져 갔다.

이에 2001년부터 창의적이고 성과 중심의 조직문화 구축을 위해 객관적이고 뚜렷한 성과를 낸 직원 중심으로 포상의 기본방향을 전환하였다. 창립기념 유공직원 포상의 경우 10개 본부에서 추천을 받아 인사위원회에서 성과를 면밀히 검토하여 5명만을 엄선하여 포상하게 되었다. 그 대신 대상 1명에게 300만 원, 우수상 4명에게 200만 원의 파격적인 포상금을 지급하였다. 협회에서의 상은 그야말로 '잘해야 받는 것이고 그만큼 귀한 것'이 되는 포상의 기본원리가 가장 충실하게 적용되고 있는 것이다.

집필메모 4

변화는 일회적인 것이 아니다. '변화가 곧 일상'인 문화적 DNA를 만들어 내야한다. 이것은 조직의 문화와 시스템 속에 시장과 고객, 성과 그리고 창의성이라는변화의 핵심 요소를 심어 두는 것이다. 즉, 조직을 개편하고 조직의 운영 방식을바꾸고 새로운 직원을 채용하고 투명한 평가제도를 도입하고 체계적 경력관리를위한 일련의 작업을 의미한다.

1. 혁신의 성과를 시스템과 제도 속에 담아라. 혁신은 일회적 이벤트가 아니다.한번 바뀌어 바로 잡아진 것들이 시간이 지나고 사람이 바뀌는 동안에 다시 과거로 되돌아가는 것을 막아야 하기 때문이다.

2. 조직을 수평적이고 납작한 모습을 가지도록 만들어라. 수직적 계층구조를 줄여서 의사결정이 신속하게 이루어질 수 있도록 관리의 층을 줄여라. 동시에 현장에서 자율적 의사결정이 이루어질 수 있도록 적절한 권한을 위임하라. 책임만 주고 권한은 위임하지 않는 경우에는 현장에서 작동하지 않는다는 것을 명심하라.그러나 위임만이 능사가 아니다. 결국 중요한 것은 의사결정의 질이다. 따라서 자체적으로 훌륭한 의사결정이 이루어지도록 전문성의 보완이 가능한 체제를 우선적으로 만들어 주어야 한다.

3. 역동적이고 창조적인 젊은 조직이 되기 위해서는 끊임없는 젊은 피의 유입이필요하다. 그러나 그들은 늘 소수이고 낮은 지위에 있기 때문에 쉽게 기존 조직 속으로 동화되기 쉽다. 따라서 다양한 사고와 이질적 기준을 수용하고 받아들이는태도의 전환이 중요하다. 그들을 새로운 시장과 새로운 수요의 첨병으로 인식하라.그리고 그들을 가장 빨리 전문화시켜 새로운 수요를 충족시키는 전위대로 삼아라.

4. 조직을 민주화하라. 민주주의가 완벽한 것은 아니다. 그러나 지금까지 인류가 발견한 가장 효율적인 제도이다. 열린 커뮤니케이션 구조를 만들어라. 이야기하게 하고 반론을 제기하게 하고 실험하게 하라. 모든 창의성은 창의적 시도가 가능한 자유로운 환경의 산물이다. 창의성의 가장 큰 적은 두려움과 무반응이다. 권위로 누르면 다만 추종할 뿐이고, 여러 번 제안했으나 받아들여지지 않으면 결국 입을 닫게 된다.

5. 투명한 평가와 보상 시스템을 만들어라. BSC는 좋은 시스템 중의 하나다. 그러나 제대로 작동될 때 가치를 가진다. 평가와 보상이 따로 놀지 않도록 조심해야 한다. 지나치게 복잡한 평가 시스템은 권하기 어렵다. 잊지 말아야 할 것은 계량화가 투명해 보이지만, 정말 중요한 것은 어디고, 정서적 가치와 주관이 배제될 수 없기 때문에 균형이 중요하다는 점이다. 따라서 평가의 핵심은 신뢰다. 신뢰할 수 있다는 것은 그래서 관리자의 제1 덕목이다.

6. 평가의 가장 중요한 목적은 주어진 기간 동안의 성과를 계량하여 보상과 연결시키는 역할일 것이다. 그러나 많은 기업들이 놓치는 중요한 특성이 하나 더 있다. 바로 '평가를 통한 학습'이다. 평가는 평가만을 위한 것만이 아니다. 기본적으로 평가는 성찰과 반성, 격려의 과정이다. 잘한 점은 칭찬하고 못한 점은 알려주고 개선할 수 있도록 도와주어야 한다. 평가의 주체나 객체 모두가 평가를 통해 배워야 한다는 것이다. 평가의 과정에서 배울 수 있고 평가의 결과를 통해서 다음 기간 동안의 활동 목표와 방향을 잡아낼 수 있다. 그러므로 평가란 그 과정을 통해 참여한 사람들 모두의 '공동 학습의 장'이 되어야 한다.

05 그대, 스스로를 고용하라

경영자들에게 기업 경영에서 가장 중요한 것이 무엇이냐고 물으면 대부분 '사람'이라고 대답한다. 그렇다. 매킨지Mckinsey는 오랫동안의 연구를 통해 '인재가 경쟁우위의 필수적인 원천'이라는 결론을 내렸고, 지금을 '인재 전쟁the war for talent의 시대'라고 규정했다. 그러나 이 연구를 통해 알아낸 한 가지 웃지 못할 사실 하나는, 경영자들이 인재의 중요성에 대해서는 적극적으로 동의하고 있지만 '인재 육성'에 최우선 순위를 두고 실제로 실천하고 있는 기업은 연구 대상 기업의 1/4에 불과했다는 점이다. 사람에 대한 중요성은 대부분의 경영자들에게 머리로 받아들인 수사학에 지나지 않았고, 정신적 믿음이 되지 못했다.

고객 서비스의 수준을 결정하는 직원들의 자부심은 돈으로 살 수 있는 것이 아니다. 적합한 인재를 채용하고, 적합한 배움과 기회를 제공하여 그들의 열정을 이끌어 내고, 적절한 자리에 적절한 사람을 배치해 적합한 대우를 해 줌으로써 '사람들이 스스로 경영할 수 있도록 만들어 주는 것'이 훌륭한 경영자와 리더의 공통된 과제다. 이것이 사람의 자부심을 키우는 가장 중요한 요소인 것이다. 사람은, 경영자가 자신의 시간 대부분을 할애하여 집중할 만한 무엇보다 훌륭한 투자처다. 좋은 경영자의 비밀은 사람에게 자신의 시간 대부분을 우선적으로 할애할 수 있다는 데 있다.

1. 화요일 아침에 만나요

화요일 아침 무역협회 직원들은 출근을 서두른다. 8시 화요포럼에 참석하기 위해서다. 그들은 역사상 가장 부드러운 혁명, 그러나 가장 조급한 지식 혁명의 시대를 살아야 하는 준비를 적어도 화요일 아침에는 실천하고 있다. 1999년 시작된 화요포럼은 무역협회 직원들에게 처음엔 마지못해 참석해야 했던 행사였다. 그러나 이제 7년차를 맞는 화요포럼은 직원들의 일상적 업무의 일환이 되어 버렸다.

그동안 화요포럼은 공개적인 지식공유의 장場으로서 외부유명인사의 강연과 협회 내부직원들의 소중한 경험담과 전문지식을 나눌 수 있었다. 포럼의 주제는 다양하다. '혁신'을 기본 테마로 하여 변화관리, 지식경영, 자기관리에서부터 문화/교양, 국제관계, IT 등에 이르기까지 다양하게 구성되어 있다. 그러나 화요포럼이 유명인들만의 장은 아니다. 국제기구에 근무한 경험이 있거나 주요 프로젝트를 담당했던 협회 직원, 무역의 날 논문 수상학생, 해외청년무역

화요포럼 개최실적

(2005.11.1 현재)

분류	세부내역	개최실적			비고
		외부	내부	계	
경영 혁신	조직혁신전략/자기계발, 미래지식경영/고객관리	81	32	113 (33.5%)	
New Trend	신무역전략/해외 시장 동향 통상전략/IT 동향, 전자무역	66	76	142 (42.2%)	
문화 교양	교양예술/건강극기/역사문화/ 가정경영/자산관리	80	2	82 (24.3%)	
총계		227 (67.4%)	110 (32.6%)	337 (100.0%)	

인력 연수 과정에 참가한 학생 등 내부직원 및 일반인들도 강사로 나서 경험담을 들려주는 기회도 갖고 있다.

화요포럼에 대한 반응이 좋아지자 코엑스와 한국무역정보통신, 공항터미널, 대한상사중재원 등 유관기관 임직원 및 무역센터 입주기관 임직원에게도 문호를 개방해 매주 150~180여 명 가량이 강좌에 참여하고 있다. 최근에는 2002년 강사로 참석했던 (주)현대모비스 박정인 회장의 권유로 현대모비스 신입직원들의 연수프로그램으로도 활용되고 있다.

화요포럼이 이렇게 자리를 잡은 데에는 두 가지 비결이 있다. 첫 번째 비결은 김재철 회장이 실시 이후 4년 동안 단 하루도 빠지지 않고 맨 앞에 앉아 끝까지 강의를 경청했고, 직접 강사로 등단하여 열강을 했다는 점이다. 솔선수범은 리더십의 가장 중요한 항목 중의 하나다. 회장이 매주 참석하는데, 누구도 불참하기는 어려웠을 것이다. 이것이 리더의 무게인 것이다. 몸은 말보다 훨씬 무거운 것이다.

또 하나의 비결은 화요포럼의 참석 여부가 다른 자기계발 과정과 연결되어 있다는 점이다. 불참에 대해서는 어떠한 불이익도 주지 않았지만, 참석하면 해외 연수 등에 가점을 부여하는 등의 인센티브를 주었다. 자기경영과 학습을 매주 실천하지 않는 사람에게 해외교육 역시 효과를 보기 어려울 것이라는 논리적 근거 때문이다. 그것은 불참에 대한 상징적 경고였고 강제력이었다.

무역협회만의 내부적 시각에서 벗어나 일주일에 한 시간 정도 다양한 분야의 시각과 의견을 들어 보고 생각을 나누는 기회는 무역협회의 직원들에게 자신들이 피고용의 대상이 아니라 창의적 주체라는 자부심을 갖게 했고, 직원들 스스로 자기경영을 시작할 수 있는 자생력을 키워 주는 지적 바탕을 이루는 좋은 계기가 되어 주었다.

무역협회는 그동안 화요포럼의 주제와 강사 및 내용에 대한 기본 자료를 DB화해 두었다. 뿐만 아니라 이제 무역협회는 포럼과 관련하여 독자적인 강좌 운영 노하우를 갖추게 되었으며, 내부강사의 활용 등으로 내부지식 역량을 축적할 수 있게 되었다. 그동안 화요포럼은 무역협회인들의 지적 성장을 이끌고 외부전문가들의 소견을 만날 수 있는 훌륭한 지식공유의 장이었다.

나에게 무대를 다오 : 내부강사의 역량 강화

1999년 2월부터 시작한 화요포럼에서는 가능하면 내부강사와 외부 강사가 격주 교대로 강연을 하게 되어 있었다. 외부강사는 해당 분야의 전문가를 찾아내기만 하면 그래도 섭외하기가 쉬웠다. 그에 비해 내부직원들을 화요포럼의 강사로 세우는 것은 대단히 어려운 일이었다. 외부강사에 비해 관련 컨텐츠가 부족하기도 하고, 강연기법 역시 훈련되어 있지 않았기 때문이다. 김재철 회장은 준비가 부족한 시시한 발표를 용납하지 않았다. 진행자나 담당 임원에게 강한 질책과 함께 원가에 대한 개념을 환기시키며 내부강사의 자질향상을 강하게 주문하였다. 한 사람의 평균 분단가를 400원으로 잡고 250명 정도의 직원이 100분 강연을 들으면 화요포럼 하나가 대략 1,000만 원짜리 행사인 셈이다. 당연히 내부강사에 대한 강연의 질을 따질 수밖에 없었던 것이다.

　포럼강사로 등단한다는 것은 강사 본인에게는 대단한 모험이었다. 진행자는 강의내용, 자세, 예상 질의까지 온갖 신경을 곤두세워 가며 강사와 함께 준비를 해 나가야 했다. 어찌되었든 2주마다 한 번씩 사내강사를 구해 세워야 하는 입장에서는 강사를 철저히 훈련시켜 등단시킬 수밖에 없었다. 내부직원 중 해외 연수 복귀자가 우선적으로 발탁되었다. 밖에서 연수하는 동안 배운 것이 많을 테니 우선 컨텐츠는 가지고 있기 때문이다. 그들은 발표 전날까지 외부강사의 강연 방식을 모니터하고, 내용을 수차례 바꾸고, 예상 Q&A를 준비했다.

이런 단련을 받고 등장한 내부강사들의 강연내용은 점차 알차고 재미있게 되었다. 때로는 외부저명강사, 전문강사를 능가하는 실력을 보여 주어 새로운 스타로 부각되는 직원까지 등장하게 되었다. 지금까지 전 임직원의 거의 절반에 해당하는 직원들이 화요무대를 통해 데뷔했다. 이들은 이미 매주 화요포럼을 통해 프로급 청중이 된 직원들의 냉정한 심판을 받으며 내공을 쌓아 갔다. 이제 상황이 바뀌었다. 화요무대에 익숙해지고 상품성이 있는 컨텐츠를 보유한 직원들은 초기의 모습과는 대조적으로 화요포럼에 다시 서기를 바랐다. 많게는 세 번까지 화요무대에 선 프로강사 직원이 나오게 되었다. 실제로 그는 이런 자신감과 높아진 역량을 토대로 시내 유명 대학의 전임교수로 자리를 옮겨 가기도 했다.

7년 전 준정부조직이 가지고 있는 보수적이며 수동적인 관성에 도전하고 패러다임을 바꾸기 위하여 도입된 이래, 화요포럼은 개인의 자기계발을 위해서도 중요한 역할을 했다. 무역협회의 직원들이 자신의 조직 속에서 안주하지 않고 격변하는 세상을 관찰하고 대응할 수 있게 하는 훌륭한 창문 역할을 해 주었다. 그러나 배움은 늘 새로운 내용과 새로운 방식과 새로운 스타일을 요구하게 마련이다. 건강한 비판은 배움의 가장 중요한 요소다. 이 건강한 자기부정의 메커니즘이 지식으로 하여금 끊임없는 진화와 혁명을 통해 자기증식을 하게 되는 것이다. 이제 7년차를 맞이하는 화요포럼은 참석자들의 지적 수준 향상과 다양성 확보를 위하여 더 개선된 제2기를 준비하고 있다.

2. 실사구시형 학습조직을 만들어라

시간이 빨리 지나가는 시대에는 지식 역시 빨리 진부화된다. 어제 통용되었던 지식이나 프로세스가 오늘 더 이상 유효하지 못하다. 지식의 라이프 사이클이 점점 더 짧아진다는 뜻이다. 그러므로 경쟁력의 핵심인 지식을 매일 학습하고 습득하지 않는 조직과 개인은 낙후될 수밖에 없다. 결국 매일 학습하고 평생을 학습하는 것이 전문성과 차별성을 유지하는 유일한 길이 되고 말았다. 이것이 학습조직의 의미다.

'문사철文史哲 600'이 통용되는 곳 : 독서토론회

무역협회에는 '문사철 600'이라는 말이 통용된다. 제대로 된 지식인이 되기 위해서는 '문사철에 관한 서적 600권', 즉 문학서적 300권, 역사서적 200권, 그리고 철학서적 100권을 깊이 읽는 것을 의미한다. 무역협회는 '경영양서 독서교육 권장도서 추천'이라고 하여 매월 10권 이내의 도서를 추천하고 있다. 매달 1권 이상 읽는 것을 원칙으로 하므로, 현재까지 추천된 책만 해도 368권에 이른다. '제목만 봐도 세상을 알 수 있다'는 정신을 반영한 것이다.

책의 분야나 장르도 다양하다. 리더십, 경제, 기업, 자기관리, 인문, 건강, 변화관리, 에세이, 시간관리, 국제관계, 국가, 철학, 문학, 비즈니스, 소설 등 다양한 분야의 서적들이 매월 추천되고 있다.

양서를 함께 읽으면서 서로의 생각을 공유하고 이해하는 것을 돕고, 대화의 질적 향상을 위해 팀에서 동일한 책을 선정하고 토론한 결과를 게시판에 공유하기도 한다. 그런가 하면 상시 학습체제를 구축하기 위하여 온라인 교육을 확대하고 독서통신교육 등도 실시하고 있다.

전문 서비스조직에서 지식경영은 기본

무형의 지식 서비스 제공을 주요 업무로 하고 있는 무역협회는 개인과 조직의 보유 지식과 정보의 효과적인 축적 및 활용을 주요 경쟁력으로 인식하고, 2003년 이후 지식경영을 활성화하고 있다.

우선 무역협회에 필요한 지식정보를 회원 서비스, 전자무역, 조사연구, 국제협력, 국내외 지역정보, 물류, 홍보 등 모두 14가지의 핵심 업무 지식으로 대별하여 지식 지도 데이터 베이스를 만들었다. 그리고 모든 임직원들이 개인적으로 가지고 있는 주요 지식들을 등록하게 했다.

초기에는 지식의 질적 측면에서 만족스럽지 못한 경우가 많았다. 지식을 경쟁적으로 올리기는 하지만, 지식을 조회하거나 추천하는 등 지식을 활용하는 측면이 부족하였던 것이다. 특히 직원들이 외부지식을 긁어다 등재하는 경우가 비일비재하였기 때문에 지식이 업무성과와 연계되기 힘들었다. 그러나 시간이 지나면서 업무에서 쌓인 노하우를 다른 조직원과 나눔으로써 전체 조직 역량을 강화하는 것이 지식경영의 도입목적이라는 데 공감해 나가기 시작했다. 공감대가 형성되어 가자 업무에 유용한 지식들을 자주 발견하고, 활용하게 되었다.

2년 정도의 지식경영 성과를 간략하게 분석해 보면, 신규 지식의 등록은 전반적으로 늘어 양적인 부분은 어느 정도 성장해 왔으나, 지식 조회와 추천 등 지식의 활용 비율은 저조하다는 것을 알게 되었다. 이는 지식의 수준이 기대에 미치지 못해 검증되지 않은 단순 자료로 머물러 업무에 크게 활용되지 못한다는 것으로 해석된다. 따라서 무역협회는 지식의 질적 성장에 초점을 맞추어 가기 시작했다.

우선 지식마스터를 지정하여 등록된 지식의 질을 평가하도록 하였다. 그리고 우수지식으로 선정된 지식들을 포상하였다. 포상을 받게 되는 지식들의 예를 들어 보면, '회원 서비스 매뉴얼', '해외 전시회 참가 매뉴얼' 등과 같이 업무와 밀접하게 연관되는 방법지方法 支들인 경우가 많았다. '윈도우즈 단축키 정리', 혹은 '엑셀 특수문자 입력 방법'처럼 업무에 실질적으로 도움이 되는 실용적 지식들이 많이 추천되기도 했다. 참고로 2005년 상반기에 신규 등록된 총 지식건수는 815건에 달해 하루 평균 4.5개의 지식이 등록되었다. 상반기를 통해 직원 1인당 2.9개의 지식을 새로 등록한 셈이다.

특히 지식마스터들은 지식경영의 모델로 삼기 위해 교육과 간담회를 갖도록 하고, 우수마스터를 시상하는 등 적절한 인센티브를 검토하고 있다. 전체적으로는 지식경영과 평가제도를 연계시켜 지식의 공유가 전사적 업무 성과에 연결될 수 있는 제도적 장치를 마련하여 실시중이다.

지식경영의 전위대 CoP Community of Practice

무역협회는 지식경영의 활성화를 위하여 일종의 지식동아리로 연구회 성격의 비공식 학습조직인 CoP를 운영 중에 있다. 중화연구회, 일본연구회, 미국연구회 등 지역 전문연구회를 비롯하여, 수출입물류연구회, SAS연구회, 무역실무연구회 등 주제별 연구회도 있다. 2004년 기준 약 230명의 직원이 참여하였고, 무역협회는 활동경비를 지원하였다.

특히 BSC/BPM연구회는 2005년 신규로 등록되었다. 이 연구회는 원래 BSC/BPM 프로젝트를 수행하기 위해 개설된 커뮤니티였다가 CoP로 개편되었다. BSC 기반의 성과관리제도를 정확하게 이해하고 무역협회 현실에 맞는 제도로 발전시키기 위하여 합리적인 성과관리 시스템을 연구할 목적으로 탄생했다. 업무를 담당하는 경영전략팀이나 인력개발팀 외에도 20명의 다양한 부서의 직원들이 모여 BSC제도를 이해하고, 사례를 연구하며, 의견을 교환하고, 아이디어를 수집하고 있다. 온라인 지식공유 도구를 활용하고, 강사초청 사례연구와 회원 간 간담회 및 토론회 등 2005년에만 10회 이상의 공식적인 사업계획을 수행하였다. 모든 CoP는 사업계획서에 따라 별도의 활동지원금이 지급된다.

회사가 필요한 실용교육에 투자하라 : 직무교육 과정의 혁신

무역협회 직원들은 1년 동안 일반 직무교육 15시간, 어학교육 50시간의 기본교육을 이수하여야 한다. 또한 50만 원 한도에서 자기계발비를 직무연관교육에 한해 카페테리아 식으로 지원받고 있다.

무역협회 직원들의 교육은 '전문화, 액션러닝Action Learning 및 이러닝e-Learning을 통한 상시학습'이 주요 포인트이다. 화요포럼 등을 통해 기초를 다진 무역협회 직원들은 직급별로 직무 전문교육을 받고 있다. 신입직원들은 국제무역사 자격증 취득을 위하여 매일 야간에 3시간씩 무역아카데미에서 운영하는 자격증반에 참석한다. 또한 무역의 현장에서 한 달간 현장 OJT를 실시하도록 되어 있다. 수출입 현장을 체험함과 동시에 업체의 니즈를 파악하는 기회로 삼고 있다. 직급이 올라감에 따라 프리젠테이션, 문제해결 방법, 커뮤니케이션, 7habit, 경영혁신, 비즈니스 매너 등을 교육받게 된다.

부기의 기초, 재무회계 용어정리, 세무업무 기초과정 등의 '재무회계' 과정과 경제 기초 통계 산출, 경제지표를 읽는 법, 지표를 통한 경제전망 등의 '통계지표의 이해' 과정은 내부강사를 활용하여 진행하고 있다.

제2외국어반은 점심시간을 활용하여 브릭스BRICs 지역의 언어를 중심으로 포르투갈어, 러시아어 등의 교육이 진행되고 있다. 온라인을 통해서는 PM, 비즈니스 협상, 직무교육, 무역 실무, 경영 이슈 연구 등을 진행하고 있으며, 인성함양人性涵養을 위한 선비문화 체험, KITA Challenge, KITA 체력장 및 자신감 배양을 위한 해병대 훈련캠프 참가, 산악 등반 등도 실시하고 있다. 직무교육실적은 개인 및 조직 역량평가에 3% 정도 반영된다. 교육훈련 결과와 인력운영과의 적정 반영을 통한 체계적 경력관리 시스템Career Development System을 구축해 두고 있다.

특히 신입직원들은 입사와 동시에 직장생활과 업무에 대한 조기 적응을 위하여 멘토를 지정받아 6개월간 동고동락하게 된다. 담당 업무에 경험 많은 과장 또는 대리급 직원이 1차 멘토가 되어 업무 전반을 지도하게 된다. 팀장은 2차 멘토가 되어 초보 사회인으로서 신입직원이 겪게 되는 개인적 애로 등을 정기적으로 대면상담하게 된다. 멘토들은 매월 신입직원들에게 무엇을 가르쳤는지에 대한 활동실적을 제출하게 되며, 멘토링 기간이 종료되는 시점에 신입직원의 자질과 향후 육성방안에 대한 종합평가를 실시한다. 신입직원들도 이 기간 동안의 활동을 스스로 평가해 봄으로써 자신의 강점과 약점을 다시 한 번 확인하고 개선하는 계기로 활용하게 된다.

조직의 미래에 투자하라 : '핵심 사업' 위주의 해외 연수 운영

무역협회는 내부인력 개발에 있어서도 미래 트렌드와 핵심 경쟁력에 맞게 브릭스 지역 전문가 및 자체 5대 핵심 사업에 맞는 전문가를 양성하는 것을 목표로 하고 있다. 해외에서 직접 전문성을 갖출 수 있도록 브라질, 러시아, 중국 등에 해외 파견 근무를 늘리고 있는 것이 그 예라 할 수 있다. 5대 핵심 사업 전문가 육성과 관련한 전시컨벤션, 이트레이드eTrade, 국제물류 등의 해외 연수는 주로 미국에서 연수를 실시하였으나, 점차 유럽, 중국 등으로 확대되어 진행되고 있다.

해외 연수는 직원들이 가장 많이 기대하고 있고 협회가 많은 돈을 들여 추진하고 있는 교육 과정이다. 그동안 학교로 주로 파견했던 아카데미 식 MBA 연수가 이수 후 직무와의 연계성이 적다는 지적이 있어 왔다. 그래서 실제 현지 기관이나 실용 전문가 과정으로 바뀌게 되었다. 예를 들어 러시아 지역은 현지 기관 직원과 교환 근무를 실시하고, 전자상거래 과정은 미국 카네기멜론대학의 '전자상거래 IT 및 MIS 과정'을 이수하도록 되어 있다. 전시컨벤션 과정은 미국 네바다주립대학의 '전시컨벤션 과정 및 국제회의/이벤트 과정' 등을 이수하도록 되어 있다. 이수 후 업무에 바로 적용이 가능한 실제적인 연수로 바뀌게 되었다.

1998년도에 전시컨벤션 관련 해외 연수를 다녀 온 이동기 차장은 아셈건설사업단에 파견되었을 때부터 직무 연수 후의 전문성을 활용할 수 있게 되었다. 네바다주립대학의 전시컨벤션 과정은 전시와 관련된 기본 강좌를 이수한 후에 MGM 그랜드 호텔, 베네시안 호텔 등에서 직접 전시행정을 배울 수 있는 인턴십 연수를 통한 맞춤형 강좌였다. 컨벤션 매니지먼트, 전시 운영, 쇼매니지먼트, 이벤트 운영 등과 관련하여 매니저와 1대 1로 도제 인턴십 과정을 통해 직접 보고 배울 수 있었던 것이 많은 도움이 되었다.

그는 해외 연수 복귀 후 화요포럼에서 연수 경험을 발표하였다. 그리고 그동안 협회의 행정적 절차에 불과했던 총회를 '고객 중심적 연례총회로 바꾸자'는 제안을 하게 되었고, 이는 바로 다음해인 2001년부터 적용하게 되었다. 그의 제안은 연례 총회시 'Trade Service & Product Show'를 동시 진행하여, 총회에 참석한 회원사들이 실질적으로 도움을 받는 만남이 되게 하였다. 이 행사를 통해 회원사를 대상으로 무역컨설팅을 제공하고, 물류, 전자무역, 해

3. 직원이 원하는 일터와 현장을 제공하라 – 체계적인 경력관리

전반적인 경력관리를 지원하는 방법 중에서 가장 효과적인 방법은 직원들의 욕망과 재능 그리고 전문성에 부합하는 현장을 제공해 주는 것이다. 그러나 일반적으로 조직인사관리의 최대 맹점은 적절한 잠재력과 전문성을 적절한 직무에 배속시킬 수 있는 시스템을 가지고 있지 못하다는 점이다. 통계에 따르면 직원 10명 중 8명 정도는 현재의 직무에 자신이 가지고 있는 능력의 전부를 발휘하지 못하고 있다고 응답하고 있다. 자신의 기질과 재능에 어울리지 않는 분야에서 능력의 일부만을 활용하여 평균 수준의 성취도밖에 내지 못하는 직원들이 태반이라는 뜻이다. 따라서 조직이 이 미스매치를 풀어 줘 직무와 개인의 능력을 제대로 연결하여 직원이 원하고 잘할 수 있는 분야로 배속시켜 주기만 해도 얻을 수 있는 혜택이 대단히 큰 실정이다.

재능과 직무 사이의 미스매치를 풀어 주기 위해 엄청난 인사관리 시스템이 필요한 것은 아니다. 무역협회의 다음과 같은 제도적 장치는 비교적 간단하면서 직원에게 원하는 현장을 제공해 줄 수 있는 매우 좋은 사례라 할 수 있다.

1) 사내공모제

국내외 지부 근무자와 외부기관 파견자, 해외 연수자 등 전문성이 요구되는 직무자를 선정할 때는 사내공모제를 통해 선발한다. 해당 자격요건 및 신청자의 근무성적, 역량, 경력 등을 고려하여 '인사위원회'에서 결정한다.

2) 인사상담과 배치전환

무역협회는 매해 3월 인사평가를 하기 전인 1, 2월에 '인사상담' 시스템을 발동시킨다. 인사담당자가 직접 대면 혹은 전화, 서면 등으로 팀장을 제외한 전 직원 200여 명과 상담을 실시하는 것이다. 절반 이상 대면상담을 실시한다. 이러한 제도를 통해 인사상의 고민과 진로상담 그리고 고충처리가 이루어진다.

인사상담만큼 직원들의 의사를 반영해 주는 것은 이동제도이다. 한 포스트에서 3년 이상 근무한 사람은 근무지 이동에 지원할 수 있으며, 상당 부분 직원들의 의사를 고려하여 포스트를 결정한다는 것이다. 매년 이동 대상 직원의 70~80% 정도가 이런 방식으로 본인의 업무와 근무지를 이동하게 된다.

인사상담을 통한 성공 사례를 보면 전산직종으로 채용되었던 어떤 직원은 본인의 의사와 관심에 따라 국내지부에서 무역업체를 현장지원하는 업무를 맡아 수행하다가 아예 관련무역업체를 창업한 경우가 있으며, 무역소식지인 《일간무역》에 편집기자직으로 입사하였던 한 직원은 《일간무역》 폐간 후 중국 관련전문가로 진로를 재설정하고 해당 분야의 공부를 지속하여 자기역량을 쌓은 후 인사상담과 해외 연수를 통해 현재 베이징지부에서 무역지원 업무를 수행하고 있다.

재무회계팀의 한 직원 역시, 연구소, 인사팀, 국제부서, 홍보팀 등 다양한 분야에서 근무하다 KDI 국제정책 MBA 과정을 수료하여 재정, 마케팅, 재무, 부동산, 자산관리 등을 전공하고 난 이후 현재 자산운용을 담당하고 있다.

신청서류에는 업무만족도, 희망 업무 분야, 관심 분야, 현재 팀에 더 근무하고 싶은 정도 등을 표시하여 다양한 관점으로 인사상담을 하게 된다. 희망 업무 분야에 대해서 1~3지망을 선정하게 된다. 무역진흥팀에서 무역연수팀으로 배치전환한 이상헌 대리는 "팀장 간에 의견 차이가 발생했을 경우는 임직원의 의견이 우선 반영이 된다"고 한다. 1지망으로 가는 경우는 20~30%이나 250명 정원에 43개 팀으로 상대적인 선택의 폭은 넓다. 이동희망부서 중 최근에는 대고객 업무인 전시 컨벤션팀이나 회원 서비스팀의 지원이 높아지고 있는 경향이 있다.

또 한 직원은 통계나 무역연구 등의 연구조사 업무를 맡고 있다가 자신이 원하는 관리지원부서로 희망 전환배치되었다. 그 후 자신이 일상의 업무를 통해 어떻게 조직의 발전에 기여하는지 알게 되었다고 말했다. 즉 조달금리를 낮추거나 운용금리를 높이는 업무를 맡게 됨으로써 본인의 업무만족도 제고는 물론 회사 경쟁력 향상에 직접 기여하게 되었다는 것이다. 이처럼 희망 전환배치는 본인이 원하는 업무를 수행하여 본인의 전문성 향상과 회사의 발전을 함께 도모할 수 있다는 커다란 장점이 있다.

3) 신입직원 직무탐색제

무역협회에 입사하는 신입직원들은 탁월한 어학 능력과 국제적 감각을 지니고 있다. 무역협회는 이들을 조기에 핵심 전력화할 수 있도록 튜터tutor제, 협회화協會化 교육훈련 등 다양한 방안을 도입하여 정착시키고 있다. 나아가 이들의 직무역량과 적성을 조기에 파악하고 적절한 직무경로career path를 개인과 조직이 함께 모색하는 직무탐색제를 도입하여 운영하고 있다. 가장 매력적인 부분은 본인의 전공, 교육훈련 결과, 희망 등을 토대로 최초 근무처를 발령하고 있다는 점이다. 대부분은 조사연구, 국제통상, 전시컨벤션 등 이른바 핵심 사업부서에 배치하여 협회의 핵심 고유업무와 역할에 대한 이해를 높이고 조직문화와 생활에 최대한 빨리 적응토록 기회를 부여하고 있다.

최초 직무를 2년 정도 수행한 이후에는 기획, 인사, 총무 등 경영지원부서 및 국내지부, 유관 정부부처 파견근무 등 최초 업무와는 직무내용과 환경이 다른 부서에 전환배치를 한다. 직무의 양과 범위를 확대, 확충하는 기회를 부여하기 위해서다. 모든 기능을 수행하여 '작은 협회'라고도 불리는 국내지부의 경우, 가능한 해당 지역의 연고가 있는 신입직원들을 전진배치하여 지역별 특성에 맞는 현장밀착형 무역지원활동을 전개토록 하고 있다.

직무탐색제는 개개인의 직무역량과 적성을 구체적으로 파악하여 적합한 직무경로를 함께 모색함으로써 일과 적성의 미스매치를 풀어 주는 좋은 제도다. 직원 개개인의 경력관리에 결정적인 도움을 줄 뿐 아니라 불필요한 조직비용을 절감할 수 있는 방안이다. 시행 5년차를 맞이하는 이 제도는 자연스럽게 본인의 다음 근무지를 생각하고 협의하면서 '경력경로'를 스스로 설계할 수 있는 기회를 부여하는 제도로 자리를 잡아 가고 있다. 직무탐색제는 신입직원들에게는 '희망이 실현되는 일터'를 부여하고, 조직에는 '젊고 새로운 조직 DNA의 순환경로'로 활용되는 효익을 창출하고 있는 것이다.

4. 학습의 과실은 결국 나의 것이고 조직의 것이다

조직의 환경변화에 대응한 임직원들의 자기학습과 계발 노력은 화요포럼, 경영독서, 실용적 직무연수, 창의적 업무수행 등 조직생활 전방위에 걸쳐 다양하게 진행되었다. 이러한 노력은 시간의 흐름 속에 축적이 되어 왔으며 향상된 직원들의 역량과 경쟁력은 조직 전체의 사업역량 확대라는 소중한 경영자산으로 등재되기 시작했다. 예전에는 전문가의 몫, 대형조직의 일이었던 그 어렵고 많게만 보였던 일들이 이젠 임직원들의 일상적인 업무영역으로 포함되게 되었다. '시장에서도 한번 해 볼 만하다'는 풍요로운 자신감은 격동의 혁신 10년을 통해 체득한 자산이었다. 다음은 그러한 분위기를 대표하는 사례 2선이다.

 대형 국제행사 진행, 그까이것…

2004년 9월, 코엑스 1층 전시컨벤션센터 그랜드볼룸에서는 제13차 동북아 경제포럼이 열렸다. 입사 4년차의 최은희 대리는 이해찬 국무총리, 장정화 중국인민대표회의 부원장 등 국내외 저명인사 300여 명이 참석한 이 행사의 영문사회를 단독으로 진행하였다. 여유 있게 좌중을 둘러보며 시나리오에 없는 돌발 상황에도 당황하지 않고 침착하게 대처했다.

포럼이 끝난 후, 행사를 준비했던 행사기획사의 대표는 "젊은 사람이 어찌 그리도 차분하고 잘 진행하느냐"며 놀라움을 표시하며 "Better than Pro"라는 칭찬의 말을 아끼지 않았다.

그간 협회의 특성상 국제회의나 행사는 잦을 수밖에 없었다. 그때마다 담당부서에서는 어떤 전문진행자를 어느 정도 예우로 데려와야 하는지 고민했다. 지명도가 높을수록 고액의 비용을 지불하여야 했다. 그보다 더 큰 고민은 주최 측의 뜻을 제대로 반영하기가 쉽지 않아 행사 진행시 적지 않은 갈등과 혼선이 발생한다는 데 있었다. 이제 그런 고민들은 사라졌다. 거의 모든 국제행사나 회의, 국빈행사는 당연히 담당부서 직원들이 준비하고 진행하는 것으로 되었기 때문이다. 무역연구소에 근무하던 최은희 대리는 소속팀에서 주관한 동행사가 국무총리가 참석하고 동북아 3국의 정관계 인사 300여 명이 참석하는 대형행사임에도 불구하고 일주일 전 진행자로 지명을 받아 그때부터 준비에 들어갔다.

처음에는 자료 부족과 경험 부족으로 많은 어려움을 겪었다. 그러나 협회 지식경영창고에 등록된 「국제행사진행 매뉴얼과 시나리오」를 발견하고 작성자에게 묻고, 내용을 보완하여 시나리오를 준비했다. 연습을 거듭한 끝에 이틀간에 걸친 포럼 전 일정을 영어로 진행하는 어려운 일을 잘 마무리 지을 수 있었다. 이젠 국제행사에 투입될 국제행사 전문가로 협회 인재풀에 등재되는 또 하나의 자원이 된 것이다.

최 대리를 포함해서 협회의 몇몇 직원들은 담당하는 행사가 국제행사라도 영문으로 사회를 볼 수 있게 되었다. 그들은 글로벌 경제의 중추적 역할을 수행해야 할 무역협회의 가장 소중한 자산이며 자랑이다. 놀라운 것은 그러한 변화가 최근 5년 사이에 벌어진 일이라는 점이다.

| 사례 2 | 10년 전 우리 부서 전체의 일, 이젠 제가 혼자 합니다

2003년 토요일 오후 무역실무 과정 주말반의 운영 등으로 당직근무를 서고 있던 송형근 차장은 본인이 담당하던 과정의 수와 수강생수를 우연히 헤아려 보고는 깜짝 놀랄 수밖에 없었다.

그가 현재 담당하고 있는 강좌와 업무는 그의 초임 발령시 근무했던 연수부 전체 직원 10명이 함께했던 것보다도 많았기 때문이다. 신규업무인 온·오프라인 강좌운영 프로그램 개발에 더하여 강사풀 운영 업무도 추가로 수행하고 있었다. 더욱이 세부과목이 상당부문 바뀌었고 강사들 역시 강좌평가 등에 따라 실력 있는 현장강사로 수시로 바꿔 주어야 하기 때문에 과정기획과 운영에 더욱 세심한 신경을 써야 했다. 송 차장의 경우처럼 과업의 양은 물론 그 내용과 질도 전문화되면서 직원들의 노동 강도는 혁신 이전에 비해 엄청나게 높아졌다. 10년간에 걸친 인력조정과 지속적 학습은 직원들의 '개인기를 높이는 단계'에서 '개인을 알리고 마케팅'하는 단계까지 성숙해 왔다.

집필메모 5

경영자가 자신의 시간 대부분을 할애하여 집중할 만한 무엇보다 훌륭한 투자처는 바로 사람이다. 대부분의 경영자가 이 말에 동의하지만 정말 이런 정신적 믿음을 가지고 실천하는 경영자는 드물다. 좋은 경영자의 비밀은 사람에게 자신의 시간 대부분을 우선적으로 할애할 수 있다는 데 있다.

1. 한 조직에 배움의 문화를 만들어 내기 위해서는 경영자의 애정과 솔선수범이 중요하다. 스스로 역할모델이 되는 것보다 설득력이 강한 것은 없다. 예를 들어 무역협회 김재철 회장은 4년 동안 매주 화요일 아침 가장 앞자리에 앉아서 강연을 들었다. 그렇게 하여 유명한 무역협회 화요포럼이 만들어진 것이다.

2. 끊임없이 교육하라. 교육은 투자효과가 불분명한 활동이며 성과를 보기까지 오랜 동안의 지속적 투자가 필요한 것이다. 어찌 보면 기약 없는 투자처럼 보이기도 한다. 그러나 교육은 '사람에 대한 우선적 투자는 반드시 성과를 보게 되어 있다'는 믿음에 대한 투자다. '믿음에 대한 투자', 이것보다 더 잘 교육의 속성을 말해 주는 것은 없다. 중요한 것은 무엇을 누구에게 어떻게 교육시킬 것이며, 교육의 성과를 조직의 핵심 능력 배양과 어떻게 연결시킬 것인지를 알아내는 것이다. 이것이 체계적 교육의 관건이다.

3. 독학하라. 직원들은 종종 조직이 배움의 기회에 인색하다는 말을 많이 하곤 한다. 더 많은 교육, 더 많은 강좌, 더 많은 지원을 원한다. 무리한 요구는 아니다. 그러나 정말 중요한 것은 독학이다. 자신을 위해 스스로 시간을 내어 기록하고 공부하고 연구하는 것보다 훌륭한 인재를 만들어 내는 것은 없다. 다수를 위한 교육은 평범한 행정가를 위한 것이다. 그러나 독학은 차별적 전문가를 만들어 낸다.

4. 직원에게 자신이 원하는 현장을 제공하라. 현장이 가장 중요한 배움터라는 것은 아무리 강조해도 지나치지 않는다. 예를 들어 무역협회의 커다란 장점은 인사상담을 통해 매년 본인이 원하는 직무를 지원하게 하고, 가능하면 그 직무를 맡을 수 있도록 배려한다는 점이다. 하고 싶은 일을 한다는 것보다 더 커다란 동기 부여는 없다.

5. 이력서를 관리하라. 한 직장에서의 직업 안정성job security이란 이제 무의미하다. 중요한 것은 어디서나 고용될 수 있는 고용 가능성employmentability을 확보하는 것이다. 그러므로 매년 다음과 같은 4가지 요구 사항을 만족시킬 수 있도록 계획하고 일해야 한다.

    1) 올해 성취한 가장 자랑스러운 성취 2~3가지
    2) 고객으로부터 받은 감사장
    3) 올해 새로 취득한 자격증/논문/발표문/저서
    4) 올해 새로 알게 되어 휴먼 네트워크에 추가된 인물 자산들

이 4가지 사항을 연말에 자신의 이력사항에 쉽게 추가할 수 있는 사람들은 한 해 동안 이력관리를 잘한 사람이다. 이렇게 매년 이력을 쌓아 가다 보면 시장에서의 고용 가능성이 증대된다. 나이가 들면서 고용 가능성이 증가한다는 것보다 직장인을 위로하는 일은 없다. 이것이 자기 스스로를 고용하는 방법이다.

모든 조직은 고객을 가지고 있다. 직종과 관련 없이 모든 조직의 목적은 '고객을 돕는 사업customer-helping business'을 하는 것이다. 정부의 고객은 국민이다. 병원의 고객은 환자이며, 학교의 고객은 학생이다. 이것이 경영 마인드의 시작인 것이다. 따라서 국민 위에 군림하는 정부는 퇴출되어야 하며, 환자들과 학생들이 서비스의 중심에 서 있지 못하는 병원과 학교는 문을 닫게 되는 것이다. 이것이 경영의 의미이다.

그러므로 경영의 시작에는 누가 우리의 고객인가에 대한 올바른 정의와 규정이 있어야 한다. 그리고 그 고객을 돕기 위해서 필사적인 노력을 해야 한다. 이것은 쉬운 일인 것 같지만 대단히 어려운 일 중의 하나다.

3

공익의 목적 역시
'고객을 돕는 사업'이다

06 오직 고객을 위해 존재하라

2004년 8월의 어느 날, 무역협회 무역연구소 직원 3명은 광어를 가득 실은 일본 국적의 카페리호를 타고 현해탄을 건넜다. 그들은 당시 '일본의 농수산식품 분야 비관세 장벽 조사'를 담당하고 있었다. 그들이 광어와 함께 현해탄을 건너게 된 사연은 다음과 같다. 무역연구소 모 팀장은 중간보고를 하는 과정에서 김재철 무역협회 회장으로부터 "일본이 우리 광어를 어떻게 검수하며, 활어차량 1대 검수하는 데 몇 시간이 걸리는지 아느냐?"라는 질문을 받았다. 이어 책상이 아닌 현장에서 작성된 보고서를 제출하라는 주문을 받았다. 무역연구소 직원들은 국내 업계 현황 및 대일본 수출 통관 절차 등을 조사하기 위해 부산으로 내려가 활어, 김 등 우리 농산물의 생산 현장을 둘러보았다. 그리고 일본으로 수출시 통관 절차, 운송 방법, 활어차량 이용실태, 농수산물 대일본 수출 세관 통관 절차 및 검역 현장 절차, 활어 운반 및 활어차량 적재 과정 및 실태 등 현장 조사를 실시하였다. 부산 현장 조사에 이어 일본 현지 확인 조사를 위해 일본으로 건너가 시모노세키항, 후쿠오카항 등을 샅샅이 뒤지며, 한국 업체가 요구한 사항을 눈으로 확인하고 현장에서 한·일 현장전문가들과 함께 대안을 모색했다.

마지막 날, 여직원 1명이 포함된 조사팀은 항공편으로 귀국하는 통상적인 출장관행에서 벗어나, 후쿠오카항에서 광어 등 활어를 탑재한 수송차량의 적재 과정과 일본의 패독 검사 기준, 검사 방법, 절차 등을 면밀히 조사한 후, 냉동차와 함께 관부페리호를 타고 5시간의 항해 끝에 현해탄을 건넜다.

이러한 현장 조사를 통해, 그들은 명백한 한·일간의 비관세 장벽을 발견하게 되었다. 한국은 일본의 활어차량 등 특수차량의 한국 내 운행을 허용하는 반면, 일본은 특수차량의 일본 내 운행을 불허하고 있다. 이러한 조치는 명백한 비관세 장벽에 해당한다는 결론을 얻어 내게 되었던 것이다. 상호주의에 입각해 이를 해결하라는 내용을 포함하여 총 16건의 비관세 장벽 철폐 건의가 수록된 「일본의 농수산물 분야 비관세 장벽 및 애로사항 대정부건의서」를 작성하게 되었다. 무역연구소는 외교통상부, 해양수산부, 주한일본대사관 등 관계부처와의 협의를 거쳐 이 현안을 한·일 FTA 협상 안건으로 상정하는 데 큰 기여를 하였다. 이 건은 현재 양국 정부 간 협의 중에 있다.

이러한 현장 중심적 고객지원은 과거 무역협회의 관행 속에서는 찾아볼 수 없던 일이다. 1999년 2월, 무역전문지 《일간무역》은 '무역협회가 환골탈태換骨奪胎의 정신으로 거듭나야 한다'고 보도했다. 이 신문은 무역협회가 무역업계를 대표하는 기관임에도 불구하고 회원상사로부터 외면당하고 있는 현실을 지적하고, 철저히 반성하여 다시 태어나야 하는 시점임을 강조했다. 당시 설문조사에 따르면, 회비에 상응하는 서비스를 제공받지 못하고 있다고 느끼는 업체는 무려 87.5%에 달해 그 불만 수준이 대단함을 알 수 있다.

회원사들은 '돈이 되는 서비스'를 요구했다. 기다리는 서비스가 아니라 찾아오는 서비스, 즉 현장 중심의 전문가 서비스를 원했다. 해외 상품 및 거래업체 정보, 무역과 IT 관련 전문인력 양성 등도 무역협회에서 수행해야 할 역할이라고 강하게 요구했다. 무역협회는 회원을 위한 조직으로 거듭나야 했다. 고객 중심적 개혁은 불가피했다.

1. 누가 우리의 고객인가?

과거 무역협회에서 '고객'이라는 단어는 매우 생소한 용어였다. 고객의 요구를 파악해 그에 맞는 서비스를 제공하지도 않았다. 고객이 무엇을 원하고 얼마나 만족하고 있는지에 대한 조사 역시 없었다. 무역협회는 먼저 회원사가 피부로 느끼고 갈망하는 요구사항이 무엇인지, 그리고 실제로 협회가 그것을 얼마나 잘 맞추어 주고 있는지에 대하여 끊임없이 질문해야 했다. 고객이라는 공으로부터 눈을 떼었을 때, 성장의 정점에서 곧 쇠퇴의 어두운 그림자 속으로 사라져 간 수없이 많은 우량조직들의 사례는, 이 질문의 중요성을 증명해 주고 있다.

무역협회의 고객은 크게 보면 현재 무역업에 종사하거나 무역업을 준비하고 있는 기업과 개인이다. 주요 고객은 회비를 납부하고 있는 회원사이다. 회원 ID를 보유하고 있는 KITA.net 회원도 주요 고객에 포함된다. 회원사 중에서도 무역협회의 지원을 절실하게 필요로 하는 회원사는 주로 중소 무역업체들이다. 대기업들의 경우에는, 자체적으로 해외 마케팅 및 시장 개척을 수행할 수 있는 역량을 갖고 있다. 관련 전문인력과 해외 시장에 대한 정보망도 보유하고 있다. 반면 중소 무역업체는 해외 마케팅 역량과 자원이 부족하기 때문에 무역협회에 기대하는 바가 크고 요구사항도 많다. 당연히 기대가 큰 만큼 불만도 컸다.

현재는 회원사를 주요 고객으로 삼고 있지만, 향후에는 고객의 범위를 보다 넓게 설정하려 하고 있다. 국제화를 통해 해외 업체 및 외국인까지 고객으로 보고, 게임, 애니메이션, 영화, 컨설팅 서비스 업체들도 잠재회원 대상으로 확대할 계획이다. 뿐만 아니다. 협회 서비스를 이용하는 대학생, 청소년, 어린이, 학부모 등 개인까지도 모두 고객에 포함시킬 계획이다. 앞으로 이들이 무역협회의 충실한 고객이 될 것이기 때문이다.

2. 고객은 무엇을 요구하는가?

고객의 지원 요구를 조금 더 자세하게 세분하면, 구체적으로 다음과 같은 서비스 항목들에 대하여 관심을 가지고 있음을 알 수 있다.

"현재 중소기업의 열악함을 이해해 비용을 적게 들이고도 무역을 할 수 있는 환경을 조성해 주길 바란다. 또 무협 내의 중소기업 상담창구를 다변화함으로써 애로사항을 적극적으로 수용해 줬으면 한다."

"무협을 방문할 때마다 직원들의 불친절한 태도에 자주 불쾌함을 느꼈다. 친절한 서비스를 제공했으면 한다. 각 상품별 시장정보와 기타 정보에 있어 최신 자료를 찾을 수 있도록 수시로 업그레이드시켜 줬으면 한다."

"여타 경제단체장들과 같이 식상한 세계화 구호만 외치지 않았으면 한다. 무협이 실질적인 행정 업무 처리능력을 배가시키는 동시에 업계 현장에 보다 적극적으로 다가서서 필요한 서비스를 제공해 줄 수 있기를 바란다."

"무협의 조직 구성원 중에 무역 업무를 경험한 사람이 없다는 것이 가장 큰 문제점이라고 생각한다. 해외 지점의 역할에 대해서도 의문이 많이 든다. 협회 조직원들에게 무역업계 파견, 교육 강화를 통해 무역에 대한 기초적인 재교육을 제공해야 한다고 생각한다. 특히 무역회사 근무 경험자를 영입해 활력을 줘야 한다."

"무역을 하기 위하여 필요한 각종 경비의 지원이 필요하다. 중소기업을 위한 자금 지원, 해외 전시회 참가 및 사절단 참가 경비 지원, 해외 시장 개척비용 지원 등이 여기에 해당한다. 또 일상의 업무에 필요한 제반 사항에 대한 지원도 필요하다. 예를 들어 인력 채용, 특송과 배송, 포장, 광고, 통역과 번역 등에 소요되는 비용을 절감할 수 있는 지원 서비스가 여기에 해당한다."

"고객들이 무역협회에 원하는 간접지원으로는 무역 업무에 필요한 각
종 정보를 들 수 있다. 특히, 해외 시장정보와 해외 바이어정보, 거래
알선, 무역 분쟁에 대한 도움, 기타 필요에 따른 전문상담, 해외 마케팅
지원, 전시회 및 세미나 등에 정보가 필요하다."

무역협회는 고객 중심적인 서비스조직이 되기 위해 많은 일들을
했다. '고객이 없던 조직'에서 '고객이 모든 것'인 조직으로 옮겨 간
다는 것은 고통스러울 만큼 모든 것을 바꿔야 하는 도전이다. 그것
은 시간과 인내가 필요한 고된 작업이다. 늘 가변적이며 격동하는
시장 속에서 고객의 요구를 맞춰 주고 만족시켜 준다는 것은 움직
이는 표적을 쏘는 것과 같이 긴장되는 일이다. 혁신은 늘 현장에서
작동하는 힘이어야 하며, 끝이 없는 여정인 것이다.

3. 고객의 마음으로 현장에서 밀착 지원하라

1999년 당시 신임 회장을 맞이한 무역협회는 고객 서비스를 위한
즉각적인 현장 중심 밀착지원 행동강령을 만들었다. 가장 대표적인
강령은 다음과 같다.

- 문제도 현장에 있고 해답도 현장에 있다.
  - 현장으로 찾아가라. 할 일이 지천이다.
  - 근무시간의 50%는 현장에 있어라.
  - 협회의 핵심 사업에는 '현장'을 접두어로 붙여라.
  - 신입직원들을 무역업체 현장으로 보내라.

– 찾아가는 서비스를 제공하라.

– 백 번의 구호 외침보다 한 번의 현장 발걸음이 중요하다.

- 3원 경영으로 승부를 건다 : '회원', '지원', '연수원'

  – 회원 : 무협은 회원을 위한 조직으로 거듭나야 한다.

  – 지원 : 'Back to Basic', 협회의 설립목적에 맞게 무역업체
  를 현장지원한다.

  – 무역연수원 : 무역 전문인력을 양성한다.

| 사례 1 | **톨게이트 24시**

2003년 12월, 동북아물류실(현재 하주지원팀)의 전 직원 8명은 수출
입 컨테이너 화물의 물동량과 흐름을 파악하기 위해 경부(평택–천
안 인근)·중부(음성 인근) 고속도로 주요 포인트와 부산·광양항 터
미널 게이트 현장에서 직접 조사에 나섰다.

이들은 2일 12시부터 다음날 12시까지 24시간 동안 찬바람과 먼지
가 펄펄 나는 현장에서 도로수송에 의해 운송되는 컨테이너 화물과
부두터미널에 반출입되는 컨테이너 물동량을 시간대별, 상·하행별,
크기별(20피트·40피트)로 직접 파악하였다.

이 조사를 통하여 직원들은 일일 통행되는 컨테이너 물동량을 대략
적으로 파악할 수 있었다. 막연하게만 알았던 20피트, 40피트 컨테
이너 차량 운행 실태와 물동량의 비율을 알 수 있었다. 또한 부두터
미널 조사를 통해 부산·광양항에 반입되는 화물이 전국 어느 지역
에서 오며, 반출되는 화물은 전국 어느 지역으로 가는지를 직접 확
인할 수 있었다. 화물차량 기사들과의 대화를 통해 수출입 화물 운

송에 따른 애로와 어려움을 현장의 목소리로 직접 들을 수도 있었
다. 예를 들어, 2005년 10월에 화물연대가 다시 파업을 할 기미를
보이자 무역협회는 하주지원팀을 주축으로 국내지부와 함께 비상대
책반을 구성하여 신속히 대응할 수 있도록 해 주었다. 물류환경의
급격한 변화 속에서 철저한 현장 조사와 업계의 목소리를 반영한
보고서는 정부의 주요한 정책 자료로 활용되었다. 궁극적으로 업계
에 실질적인 도움을 주는 데 기여하게 되었다.

| 사례 2 | 심야의 인천공항, 통관 서비스가 필요하다

2004년 4월, 동북아물류실 직원 2명은 인천공항 화물기 이착륙 현
황 및 통관화물 흐름을 파악하기 위해 인천공항 세관과 공항공사를
심야 방문하여 현장 조사에 나섰다. 이 조사는 인천공항도 외국의
유수 공항처럼 24시간 통관체제 구축이 가능한지의 여부를 알아보
기 위한 현장 조사였다. 인천공항은 화물 물동량 처리 면에서는 세
계 3~4위 규모를 가지고 있다. 그러나 오전 9시에서 오후 6시까지
만 공식적인 통관 서비스가 이뤄지고 있어, 서비스가 미흡하다는
무역업체의 평가를 당국에 건의한 상태였다. 그러나 공항공사와 세
관 측은 24시간 통관체제 구축시 인력 운용 등의 어려움을 들어 24
시간 통관체제 구축에 소극적인 입장을 취하고 있었다.
동북아물류실 직원들은 현장 조사에 앞서 네덜란드 스키폴·홍콩
첵랍콕·싱가포르 창이공항 등 세계 유수 공항의 24시간 통관 서비
스 현황 및 운영 실태 등을 사전에 면밀히 조사하였다. 그리고 현장
조사에 착수하여 근무시간 이후에도 화물기와 여객기의 이착륙 비
율이 높고 동시간대에 통관 수요가 높다는 사실을 발견하게 되었다.

세관인력을 일부 충원하고 탄력적으로 운영하게 되면, 24시간 통관 서비스체제 구축도 충분히 가능하다는 결론을 내리게 되었다.

이 같은 현장 조사 결과를 토대로 관세청과 행정자치부를 통해 인천공항 24시간 통관체제 구축 방안을 건의하게 되었다. 마침내 2004년 하반기부터 인천공항에서도 24시간 상시 통관체제를 구축할 수 있게 되었다.

24시간 통관체제 구축으로 항공수송 비중이 높은 반도체·휴대폰·LCD 등 주력 수출제품의 야간통관이 신속히 이루어졌다. 그동안 야간통관시 지불해야 하는 별도의 수수료도 납부하지 않게 되어 물류비를 절감할 수 있는 효과도 거둘 수 있었다. 더욱이 인천공항이 24시간 통관체제 구축으로 동북아 허브 공항으로 발돋움할 수 있는 계기를 마련하게 되었다. 아마 철저한 현장 조사가 없었더라면 실효성 있는 방안을 제시하지 못한 채 정부나 관련기관을 설득하는 데 실패했을 것이다.

| 사례 3 | 중소 수출업체에 관세환급금 157억 원 찾아 주기

회원서비스팀은 2005년에 많은 중소 수출업체가 관세환급 절차를 잘 몰라 찾아가지 못한 157억 원의 관세환급금을 찾아 주어 회원업체로부터 좋은 호응을 얻었다.

원래 간이정액환급제도는 중소 수출업체가 원자재를 조달하여 제조한 물품을 수출한 후, 수출신고필증만으로 미리 납부한 관세를 돌려받을 수 있도록 도입한 편리한 제도다. 많은 중소 무역업체는 이러한 제도가 있는지조차도 알지 못하다가, 이번 조치로 2,030개 중소업체는 뜻하지 않게 환급을 받게 된 것이다.

'관세환급금 찾아 주기'는 무역협회 회원서비스팀의 회원업체 지원을 위한 브레인스토밍에서 나온 아이디어였다. 그들은 수출업체가 관세환급에 대한 인식 부족으로 실질적인 환급 혜택을 보지 못할 수 있다는 데에 착안하였다. 상담역들을 중심으로 조사한 결과 간이정액관세환급의 경우 중소 수출업체는 자사가 환급 대상업체인지조차 알지 못하는 경우가 많다는 것을 알게 되었다.

즉각 관세청의 협조하에 미환급업체 1만 858사를 파악하였고, 이 중에서 연락이 가능한 7,196개 사를 중심으로 회원서비스팀과 11개 국내지부 전 직원들이 나서, 약 2개월 동안 집중적으로 대상업체에게 일일이 전화하여 환급을 독려하였다. 결국 업체당 약 800만 원의 돈을 돌려받게 해 주는 성과로 이어졌다. 예기치 못한 혜택을 받은 업체들은 협회가 무역업체들을 위해 회원업체들이 알지 못하는 틈새까지도 지원해 주는 기관으로 거듭났다며 고마워했다.

| 사례 4 | 하주들에게 실질적인 도움을 제공하라 : 수출입물류비 절감 사례

외부에 잘 알려져 있지 않지만 무역협회에서 회원사를 위해 실질적인 도움을 주는 사업 중의 하나는 무역협회가 하주shippers 들의 권익을 보호하기 위해 운영하는 한국하주협의회Korean Shippers Council 사업이다. 하주는 선박, 항공기, 철도화차, 트럭 등에 화물을 적재하는 화물의 소유주를 의미하며, 국제무역에서는 수출입업자가 하주이다. 하주협의회 활동 중에서 가장 두드러진 것은, 운송 관련단체와 기관을 대상으로 운임이나 부대비 협상을 통해 관련요금의 과도한 인상을 막아 매년 무역업계의 물류비를 절감하는 데 있다. 하주협의회는

해운, 항공운임, 유류할증료 등 각종 할증료, 항만하역요율, 화물입
출항료 등 부대요율의 인하뿐 아니라 적하보험요율 인하 조정, CY
운송관리비 부과 철폐, TSR 운임 및 보안할증료 인하, 화물보관료
인상 억제 등의 성과를 거두어 왔다. 이에 따라 직접 절감된 물류비
는 2004년 2,800억 원, 2005년에 3,000억 원에 이르고 있다.
국내 수출업체들이 해외 바이어들과 가격 흥정시 불과 몇 센트를
놓고 치열한 협상을 벌이고 있는 상황에서 하주협의회의 물류 요금
인상 억제나 인하 노력은 우리 제품의 가격 경쟁력 제고에 많은 기
여를 하게 된 셈이다.

| 사례 5 | 우리가 부족하면 현장 전문가를 모셔 와라

무역협회는 최근 들어 국제물류, 전자무역, 남북경협, 중국연구 등
전문적인 지식과 경험이 필요한 분야에 풍부한 현장 경륜이 있는
외부전문가를 적극적으로 영입하여 활용해 왔다. 무역협회가 이렇
게 외부현장전문가를 적극적으로 영입하는 이유는 고객이 원하는
수준 높은 현장 서비스를 제공하기 위해서다. 그만한 현장전문가가
아직 협회 내에서 양성되어 있지 않은 것이 주요 원인이기도 하다.
이들 현장전문가들의 영입을 통해 현안 사업의 원활한 추진은 물론,
다양한 간접체험과 노하우 전수를 통해 협회의 사업수행 역량을 제
고할 수 있게 되었다. 무역협회는 이들을 영입하여 활용하기 위해
'전문계약직'을 만들어 직원과 동일한 대우, 혹은 그 이상의 대우를
하며 이들의 활동을 지원하고 있다. 실제로 이들은 협회가 아직 충
분히 제공하지 못하고 있는 고객 서비스 분야에서 맡겨진 역할을
잘 수행하고 있는 것으로 평가받고 있다.

1999년 3월, 조직개편에 의해 신설된 무역지원실은 협회의 '현장 위주 중시의 경영'을 실행에 옮기는 대표적인 존재로 흔히들 무역별 동대, 현장타격대라고도 불리는, 현장 경험이 풍부한 22명의 중견 직원으로 구성되었다.

개인별로 직원당 50~100개 중소 무역업체를 전담하고 매일 무역 현장을 방문, 해당 기업의 애로발굴과 직접적인 수출지원활동을 벌이는 기동 서비스 요원들이다. 종전의 수동적인 지원 방식에서 탈피해 현장에서 애로를 접수받고 현장에서 해결하는 공격적인 '현장 해결사'의 역할을 수행하는 셈이다.

김재철 회장은 이들에게, "철저히 현장에 몰입하라, 현장에서 가능성이 보이면 아예 그 회사 사람이 된다는 각오로 철저한 현장 중심의 서비스를 원 없이 제공하라"고 독려하였다. 무역협회는 현장활동에 필요한 비용과 장비를 모두 제공하였다.

이들은 담당업체의 해외 세일즈맨이 되어 해외 출장도 함께 가고 바이어와 상담도 하면서 IMF의 상흔이 남아 있는 무역 현장을 거침없이 누비고 다니며 저인망식으로 수출애로를 해결하였다. 당시 유행하던 '보따리 무역'도 실제로 함께 해 보면서 효율적인 수출지원 방안을 수립하여 제안하였다.

대표적인 해결 사례를 들어 보자. 당시 중소 수출전문업체인 Y사가 계란식별기 제작에 성공하여 덴마크가 독점하고 있는 시장진입에 성공하였다. 그러나 수출실적이 없고 담보가 부족하여 수출자금 확보에 애로가 있다는 현장요원의 건의를 받게 되었다. 무역지원실은 LC확보를 조건으로 수출보험공사의 보증을 확보하여 넉넉한 자금을 지원받게 한 사례가 있었다.

이외에도, 외국환 은행의 수출서류에 대한 발급수수료 징수와 같은 금융애로, 미주항로 물류비 과다인상 등 물류애로, 외국노동자 단순조달에 관한 제도상의 애로, 수출물품 증발 등의 상사분쟁 등 헤아릴 수 없는 현장애로를 발굴, 관련기관에 즉시 통보하고 해결방안을 공동으로 모색하는 등 새로운 현장지원 서비스를 만들어 낸 것으로 평가받고 있다.

| 사례 7 | 스쿠터라도 선물하고 싶습니다

미손창원코포레이션사는 하이브리드 스쿠터에 대하여 수년간 연구해 왔다. 국내 시장에서는 수요가 제한적임을 알게 된 이 업체는 스쿠터를 해외로 팔아야겠다는 생각으로 2004년 6월 무역협회 회원에 가입했다. 그러나 무역협회가 주는 것이 별로 없다는 생각에 답답해했다. 2005년 3월에 그는 직접 무역협회 대전충남지부를 방문하였다. 미손창원은 자신의 사업성과를 설명하면서 수출만이 살 수 있는 유일한 길임을 강조하고 무역협회가 적극적으로 도와 줄 것을 요청했다.

무역협회는 우선 2005년 대전 무역전시관에 이 업체가 참가할 수 있도록 지원했다. 다행스럽게 전시회에서 만난 뉴질랜드 바이어가 운영하는 리조트에 50대의 하이브리드 스쿠터를 공급하기로 확정하여 수출계약 체결이 예정되어 있었다. 또한 2005년 5월 샌프란시스코에서 개최된 한국무역박람회에 참가하도록 권유하였다. 하이브리드 스쿠터는 친환경적 제품이기 때문에 반응이 좋았다. 샌프란시스코 시청은 시청전시장에 쓸 샘플을 구입했다. 미국 시장에서의 가능성을 가늠해 볼 수 있는 좋은 계기가 되었다. 그리고 드디어 계약으로 이어졌다. Global Sports34.com사와 스쿠터 50대를 계약하였고 필립스Phillips사와 샘플오더 5대를 계약하는 등 모두 4만 2,900달러를 계약하는 성과를 올렸다.

기회는 계속 주어졌다. 무역협회는 10월 개최되었던 해외 바이어 초청 수출상담장에 스쿠터를 직접 전시할 수 있도록 도와 주었다. 체코 펨FEME사의 우낙 사장은 100대를 수입하기로 결정하였다. 그러나 이것은 시작에 불과했고, 무역협회는 미숀창원에 대한 현장 지원을 계속했다. 종합무역강좌에 참여하도록 하여 무역실무를 직접 익히도록 도와주었고, 인터넷을 활용하여 직접 해외 마케팅을 수행할 수 있도록 지원해 주었다. 뿐만 아니라 유망중소기업에 대한 전자카탈로그 및 CD제작 사업에 참여하여 하이브리드 스쿠터를 해외 각국에 홍보할 수 있는 기회를 제공하기도 했다.

결과는 폭발적이었다. 미숀창원은 미국 Global Sports34.com사로부터 추가로 1,500대를 주문받아 현재 50대를 수출하였다. 영국 RSE사는 우체국의 우편물 배달용으로 5,000대를 주문하였으나 물량부족으로 현재 2대만 수출한 상황이다. 영국 BBC 방송에서 이 회사의 스쿠터 이용현황을 보도하기도 하였다. 프랑스의 알버트는 1만 대를 주문 요청하였으나 공급물량 부족으로 현재 주문에 응하지 못하고 있는 실정이다. 현재 생산 능력은 일일 수제작으로 10대를 제작할 수 있을 뿐이기 때문이다. 즐거운 비명이며 훌륭한 성과였다. 밀착지원에 만족한 미숀창원은 무역협회에 스쿠터라도 1대 선물하고 싶다는 제안을 하였으나 대전충남지부는 정중하게 단지 할 일을 했을 뿐이라며 사절했다.

나는 이 일련의 사례들이 무역협회의 고객 중심 서비스의 중요한 전환을 의미하는 상징적 사건이라고 생각한다. 연구소라는 책상, 또 협회라는 책상, 그 책상 속에서는 현장이 없다. 현장이 없는 고객 서비스란 있을 수 없다. 왜냐하면 고객이 있는 곳이 바로 현장이기 때문이다.

'돈이 되는 서비스를 제공하라'

1) 무역 서비스 할인클럽

2001년 8월 이후부터 무역업계의 요구를 반영하여 무역 서비스 할인클럽이 시행되고 있다. 이것은 수출입활동에 필요한 서비스를 제공하는 우수한 업체들과 제휴하여 회원사에게 수출입 관련 서비스 요금을 할인하고 전문정보를 제공하는 회원 우대 서비스이다. 국제 특송, 국내 택배, 통역과 번역, 수출 포장 등 총 14개 부문 17개 업체와 제휴하여 2004년 기준으로 연간 활용업체는 2만 2,000개 사, 이용건수는 10만 6,000건에 달한다. 이를 통해 2004년에만 32억 9,000만 원의 비용을 절감했다. 이는 2003년에 비해 업체수는 4,000개, 이용건수는 2만 4,000건이 증가한 수치이다.

현재 고객들은 국제 특송부문과 페덱스FedEx 등 특정 업체를 집중적으로 이용하고 있다. 앞으로는 할인 서비스 경쟁체제를 도입하고 신규부문을 발굴할 예정이다. 특히, 2005년 후반기부터는 국제 특송과 휴대전화 로밍부문 등의 서비스업체를 복수화하고, 원자재, 사무용품 등 공동 할인구매 서비스를 추가할 예정이다.

2) 라디스RADIS : 운임 절감과 서비스 증진을 동시 추구

무역 경쟁력에 있어 물류비용은 매우 중요하다. 물류비의 대부분은 운송비이다. 현재 국내에는 물류 흐름 처리를 담당하는 복합운송 주선업체인 포워딩사들이 난립하고 있다. 대략 3,000~4,000개의 업체들이 있는 것으로 추정된다. 사정이 이렇다 보니, 중소 무역업체들은 신뢰할 수 있는 포워딩사가 어디고, 비용이 얼마인지 알지 못하는 것이 현실이다.

라디스RADIS는 수출입 운임할인 서비스Rate Discount Service의 약칭으로서, 대형하주에 비해 상대적으로 운임협상력이 취약한 중소하주들의 물류비 경감을 위해 한국무역협회가 1999년 12월부터 시행하고 있는 운임할인 서비스이다. 무역협회 회원사는 별도의 가입비 없이 가입 및 서비스 이용이 가능하다. 라디스 홈페이지는 'http : //shippersgate.kita.net'이다.

라디스 서비스 이전에는 대형 화물의 경우 운임할인 혜택을 받을 수 있지만, 중소형 화물의 경우에는 할인 혜택을 받지 못하는 경우가 대부분이었다. 중소 무역업체에게는 '해상과 항공운임을 어떻게 절감할 것인가'가 큰 고민거리였다. 라디스는 대기업에 비해 수출입 물량이 많지 않은 중소 무역업체들을 한데 묶은 후, 협력 운송업체를 지정해 회원들에게 우대 서비스와 운임을 제공하는 것이다. 해상, 육상, 항공화물의 운임을 대기업 수준으로 우대받을 수 있다. 해상 및 항공운임은 10~15%, 내륙운송료는 25~30% 할인받을 수 있다. 그런가 하면 수출입화물, 창고보관료 등은 30~35% 할인 혜택을 제공한다.

2005년 8월 기준으로, 라디스는 포워딩사 12개, 관세사 2개, 해외 물류센터 운영업체 3개(중국, 미국, 유럽) 등 17개 사가 협력업체로 선정되어 서비스를 제공하고 있다. 무역협회는 이들 업체와 1년 단위로 계약을 체결한다. 각 협력업체별로 매년 12월에 평가를 실시하여 회원사들에게 제대로 서비스를 제공하지 않는 협력업체는 탈락시켜 만족도 수준이 높은 업체들로만 구성되도록 하고 있다. 매년 평균 잡아 2~3개 업체가 교체된다. 그러나 협력업체의 빈번한 교체는 회원사들에게 혼란을 안겨 주기 때문에, 만족도 수준이 기준을 넘어서는 업체는 지속적으로 계약을 갱신하여 안정적인 서비스가 이루어질 수 있도록 하고 있다.

라디스는 국내 최초로 해상 및 항공 시장운임을 조사하여, 자체 홈페이지에 공개하고 있다. 이를 통해 하주로서 회원사의 권한이 강화되고, 운송업체 선택에 있어 효율적인 선택이 가능해졌다. 라디스를 이용하지 않는 무역업체는 시장운임정보를 확보하여 기존 거래업체와의 운임 협상을 유리하게 이끌 수 있다. 라디스 홈페이지에서 회원들은 운임 역경매도 할 수 있다.

라디스에 대한 회원사들의 반응은 매우 좋다. 스테인레스 주물제품 전문 수출업체로서 라디스의 회원사인 삼양상역은 매달 10TEU(길이 20피트 컨테이너)를 선적해 월간 약 2,000달러의 운임을 절감하고 있다. 이 업체 관계자는, "우리는 미주 지역 수출을 위주로 하고 있으며, 기존의 거래 포워더들에 비해 라디스의 협력업체들이 운임이나 스케줄 등 모든 면에서 경쟁력 있는 서비스를 제공하고 있어 만족하고 있다. 중소 수출입업체에게 물류비는 전체 수출가격에서 20% 가까이 차지하는 매우 중요한 코스트로서, 물류비가 늘어날수록 수출업체의 마진폭이 그만큼 줄어들고 있는데, 라디스 운영으로 중소화주들도 운임 협상력을 키울 수 있는 여건이 조성됐다"고 말했다.

또 다른 회원사인 국내 중소 의류업체의 담당자는, "중소기업의 특성상 소량 화물Less than Container Load을 라디스를 이용해 선적하면서 톤당 10달러 이상의 운임을 절감하고 있다. 과거에는 직접 운송업체들을 찾아다니던 것을 이제는 라디스 협력업체들이 직접 찾아와 내륙운송, 통관 등 모든 물류 서비스를 종합적으로 일괄처리해 주고 있어 마케팅에 전념할 수 있게 됐다"며 만족감을 표시했다.

라디스에 대한 회원사들의 뜨거운 반응 속에 가입 회원수와 라디스를 통한 물류 절감액은 매년 크게 증가하고 있다. 회원수는 서비스 시행 1년 만에 약 2,000개 사를 넘어섰고, 같은 기간 500여 개 업체가 약 4,000건의 수출입화물을 라디스 협력업체를 통해 선적했다. 2004년 말 기준으로 가입회원은 약 5,000개 사, 이용건수는 4만 3,000여 건으로 증가했고, 물류비 절감액은 83억 원에 달했다. 실제 라디스 협력업체를 이용하여 선적하는 무역업체들은 해상이나 항공운송뿐만 아니라 내륙운송, 통관, 창고보관 서비스 등도 함께 할인을 받고 있어, 라디스를 통한 전체 물류비 절감액은 83억 원보다 훨씬 클 것으로 추정하고 있다.

2002년부터 우리 기업들의 해외 시장 개척에 도움을 주고자 품목별, 업종별 해외 시장 정보를 실시간으로 제공하는 서비스가 개시되었다. '품목별 해외 시장 동향'에 대한 마켓워치 정보 서비스의 조회건수는 서비스를 개시한 지 만 3년이 지난 현재 100만 건을 넘어섰다. 그 높은 인기도를 실감할 수 있다.

2003년 3월부터는 원하는 업체에 매일 직접 이메일로 송부하여 무역업체가 신속하고 편리하게 정보를 받아 볼 수 있게 했다. 무역업체들은 이 실시간 서비스에 매우 만족하고 있다. 특히 무역협회가 수출기업 실태조사를 통해 파악한 바로는, 우리 기업이 해외 마케팅에서 가장 필요로 하는 정보가 해외 시장 수요 동향(44.6%)이었다는 점을 감안하면 마켓워치 서비스는 우리 무역업체에게는 매우 유익한 '정보창고' 역할을 담당하고 있는 것이다.

실제 게재된 재미있고 차별적인 정보의 예를 들어 보자. '뿌리는 스타킹에 이어 뿌리는 옷'이라는 상품정보 속에는 뿌리는 스타킹에 이어 뿌리는 옷이 만들어져 입는 옷의 기존 개념을 뒤집어엎는 신개념 의류의 등장을 소개하고 있다. '미美, 알람을 울리고 숨어 버리는 시계 개발'이라는 상품정보 속에는 알람을 울리고는 숨어 버려 그것을 찾느라고 주인의 잠을 확실히 깨워 주는 시계가 개발되었다는 내용이 소개되었다.

키타넷KITA.net에 최고의 e서비스 상품을 모아라

현재 무역협회는 키타넷을 통해 국내 최고 수준의 종합무역 포털 서비스를 제공하고 있다. 웹사이트 분석평가 전문업체인 '랭키닷컴 Rankey.com'의 2005년도 조사에 따르면, 키타넷은 국내의 모든 웹사이트 순위에서 498위를 기록하고 있다. 무역 분야에서는 부동의 1위를 고수하고 있으며, 무역 분야에서 키타넷의 점유율은 지속적으로 60%를 상회하고 있다. 현재 하루 방문자는 2만 1,000명 수준이다. 하루 페이지뷰는 약 35만이다. 2004년 3월에 17만 페이지뷰였던 것에 비하면, 1년 사이에 무려 2배가 증가했다.

무역협회는 온라인 고객 서비스 접점인 키타넷을 통해 회원사에게 다양한 서비스를 무료로 제공하고 있다. 다음은 그 중에서 이용 빈도가 높고 유용하다는 평가를 받고 있는 주요 서비스를 뽑아 요약해 본 것이다.

1) 무역상품 블로그

무역협회는 회원사의 수출상품 해외 홍보를 위하여 영문 상품 블로그를 제공하고 있다. 이것은 상품 전자카탈로그와 블로그의 개념을 통합시킨 국내 최초의 비즈니스 블로그 서비스이다. 회원사의 임직원들은 누구나 이용이 가능하다. 회원사가 제작한 영문 상품 블로그는 무역협회 영문 웹사이트http://www.kita.org를 통해 해외 바이어에게 제공된다. 하나의 회원사가 다수의 블로그도 만들 수 있다. 2004년 한 해 동안 상품 블로그를 이용한 회원사는 약 6,700개 사이고, 등록 상품수는 5만 1,000개이다. 그리고 약 7,900명의 바이어가 상품 블로그를 방문했다.

2) 인터넷 증명서 발급센터

무역거래 및 협회 관련 각종 증명서를 온라인상에서 발급해 주는 서비스이다. 인터넷과 프린터 이용이 가능한 장소면 24시간 언제 어디서나 해당 증명서의 직접 발급이 가능하다. 이 서비스를 통해 회원사는 과거 직접 방문에 따른 시간과 비용을 줄일 수 있다. 협회 도 각종 증명서를 발급하고 팩스 혹은 우편으로 처리하는 데 소요 되는 시간과 비용을 절감할 수 있다.

2004년에만 무역협회 회원 서비스팀과 무역아카데미에서 발급한 각종 증명서는 7만 3,000건을 넘는다. 무역협회는 인터넷 증명서 발급 시스템을 통해 향후 3년간 4억 5,000만 원의 비용을 절감할 수 있을 것으로 예상하고 있다.

발급한 증명서에 대한 원본 대조 기능과 위·변조 방지 장치로 증 명서 접수처에서 원본 대조도 가능하다. 2005년 7월 현재, 수출입 실적 증명서를 비롯한 15종의 증명서 발급이 가능하다.

3) 온라인 세미나On-line Seminar

무역협회는 무역과 관련하여 다양한 세미나를 주최하고 있다. 하지 만 시간과 거리상의 제약으로 참여하지 못한 회원사가 적지 않다. 이런 회원사를 위해 2001년부터 오프라인에서 개최된 주요 세미나 및 설명회를 온라인상에서 동영상으로 제공하고 있다. 키타넷에 접

속하면 연도별, 카테고리별로 원하는 세미나를 검색하여 시청할 수
있다.

4) 온라인 번역 서비스(영어, 중국어, 일본어)

2002년까지 유료로 제공하던 번역 서비스를 2003년부터 회원사를
대상으로 무료로 제공하고 있다. 전문 번역 인력이 아닌 기계 번역
으로 번역의 질은 높지 않은 편이다. 하지만 하루 이용 횟수가 평균
500회에 달할 정도로 회원사들이 많이 이용하고 있다. 2004년 연간
7만 명이 이용했고 번역 건수는 72만 건이 넘는다.

5) KITA 취업센터

대규모 채용이 줄어들고 수시 채용이 증가함에 따라 유연한 인력
채용이 중요해지고 있다. 그러나 수시 채용이 잦아지면서 중소기업
의 경우 언론매체에 채용 공고를 하기 어려운 것이 현실이고, 온라
인 채용업체 이용시에도 경제적으로 부담을 느끼고 있다.

무역협회는 신규 인력 채용에 어려움을 겪고 있는 회원사를 위해
잡코리아JOBKOREA와 제휴하여 채용을 원하는 회원사와 취업을
원하는 인력이 온라인상에서 만날 수 있는 무대를 마련하였다.

2004년도에는 약 1,143개 회원사가 이용했다.

6) KITA 이메일 클럽

회원사와 중소 무역업체에게 신속한 정보 제공을 위해 총 7개의 전

문 분야(거래 알선, 하주 및 물류정보, 남북경협, 품목별 해외 시장 동향, 주간무역리뷰, 통상정보, CEO 리포트) 별로 이메일 클럽을 운영하고 있다. 회원사는 자신의 관심 분야에 관한 정보를 편하게 받아 볼 수 있다. 2004년 기준으로, 이메일 클럽을 통한 정보제공 횟수는 747회, 구독자수는 22만 6,969명이다.

집필메모 6

모든 비즈니스는 고객을 돕는 사업이다. 그러므로 모든 비즈니스맨들은 언제나 세 개의 커다란 질문에 쉽게 대답할 수 있어야 한다.

첫번째 질문은 '우리의 고객이 누구인가'라는 질문이다. 그리고 두번째 질문은 '그 고객이 우리에게 무엇을 원하고 있는가' 하는 물음이다. 세번째 질문은 '우리가 고객의 요구를 얼마나 잘 맞추어 주고 있는가' 하는 질문이다. 유감스럽게도 나는 이 기본적 질문들에 대하여 명확하게 대답이 준비된 비즈니스맨들이 많지 않다는 것을 알게 되었다.

1. 언제나 조직의 존재 이유를 잊어서는 안 된다. 명심할 것은 어떤 공익조직도 그 자체를 위해 존재하지 않는다는 점이다. 존재 이유는 하나다. 공공의 고객이 있기 때문이다. 무역협회 김재철 회장이 취임 당시 '무역협회의 존재가치를 물어야 한다'고 했던 것은 중요한 기초 질문이다. 'Back to Basic.' 누구나 좋아하는 말이지만 늘 잊는 말이기도 하다. 그러나 절대로 잊어서는 안 되는 말이다.

2. '누가 나의 고객인가?'라는 질문에 대답하라. 주의해야 할 일은 상사가 나의 유일한 고객이 되지 않게 하라는 것이다. 내가 하는 일이 다 그의 만족을 위한 것이라면 고객은 없고 상사만 있는 셈이다. 우리는 이런 조직을 권위주의적 관료조직이라 부른다.

3. 내 고객이 내게 요구하는 것이 무엇인지 당장 대답해 보라. 지금 고객이 내게 요구하는 것이 무엇인지 5가지만 써 보도록 하라. 그것을 책상의 가장 잘 보이는 곳에 붙여 두라. 그리고 무엇보다 우선적으로 그것부터 잘 처리하도록 하라. 그리

고 매일 그것을 더 잘 맞추기 위하여 내게 어울리는 더 좋은 방법이 있는지 찾아 보자. 이것이 바로 차별적 서비스를 계발해 내는 가장 그럴듯한 방법이다.

4. 묻지만 말고 개선하고 혁신하라. 고객중심주의는 대부분의 조직에게 고객의 소리를 듣는 메커니즘을 만들어 놓았다. 엄청난 설문조사, 전화 인터뷰, 고객 청문회 등 방법도 많다. 그러나 매년 듣기만 하고 나아지는 것은 없는 경우가 태반이다. 이때 고객은 실망하고 배신감을 느끼고 이윽고 일탈하게 된다. 고객의 소리를 듣는 이유는 고치기 위함이고 나아지기 위함이다. 고객의 소리를 수렴하여 개선된 제도와 시스템을 만들어 내고, 다시 고객에게 피드백할 수 있는 선순환 프로세스를 가지고 있을 때, 우리는 혁신조직이라 불릴 수 있다.

5. 예산 편성의 우선순위가 '고객을 돕는 일'이 되게 하라. 그것보다 더 중요한 것은 없다. 돈이 없어 고객이 원하는 일을 하지 못한다면 잘못된 예산 편성이다. 예산에 일을 맞추지 말고, 해야 할 일에 예산을 맞춰라.

6. 고객 서비스를 증진시킬 수 있는 자신만의 강령을 만들어 실천하라. 예를 들어 다음과 같은 것들을 참고하자.
- 현장으로 찾아가라. 할 일이 지천이다.
- 근무시간의 50%는 현장에 있어라.
- 하는 일 모두에 '현장'이라는 접두어를 붙여라.
- 고객이 OK할 때까지.
- 머리로 하지 말고 마음으로 하라. 더해서 몸으로 실행하라.

7. 현장에서 밀착 서비스를 제공하라. 커다랗고 모호한 큰 그림 속에서 부유하지 마라. 구체적 고객의 얼굴을 떠올리고, 그들을 위해 서비스하라. 한 사람에 대한 서비스, 그것이 바로 고객 감동 서비스의 핵심이다. 잊지 말아야 할 것은, 어떤 직무를 맡은 사람이든 현장이 있다는 것이다. 예를 들어 무역협회의 무역연구소 직원들이 왜 광어와 함께 현해탄을 건넜고, 그들이 어떻게 적절한 제안을 만들어 냈는지를 보여 주는 사례를 참고하라.

07 국가적 차원의 핵심 역량 계발을 지원하라

1980년대 초 세계 최고의 부국인 미국의 기업가치 중 2/3를 차지한 것은 공장과 설비, 그리고 기업보유 부동산 같은 물리적 자산이었다. 그러나 10년이 지난 1990년대 초에 이르러 물리적 자산이 차지하는 비율은 1/3 이하로 급격하게 하락하였다. 그리고 그 추세는 점점 더 분명한 현실이 되어 가고 있다. 서비스 산업에서는 이미 무형의 부드러운 자산이 기업의 모든 가치를 차지하고 있다고 해도 과언이 아니다.

피터 드러커는 "경제발전의 원동력이었던 전통적인 토지, 노동, 자본은 오히려 제약이 되고, 그 대신 지식이 단 하나의 중요한 생산요소가 되었다"고 해석했다. 이제는 지식 국력이 그 나라의 경제력을 의미하게 되었다.

지식은 경쟁력의 핵심이 되었다. 지식을 창출하고 활용하는 기업은 승리할 것이다. 따라서 항상 배우는 학습조직이 되지 않으면 안된다. 지식은 스스로를 재생산하는 유일한 자산이다. 지식은 결국 모든 국가, 조직, 그리고 개인들의 부드럽지만 확고한 자산이 될 것이다. 이처럼 분명한 진실은 없다.

1. 한국은 사람이 곧 블루오션이다

한국은 사람밖에는 자원을 가지지 못한 나라다. 그래서 사람이 블루오션인 나라일 수밖에 없다. 다행스럽게 세계 어느 나라보다 교육열이 높은 나라이며, 부모들은 자식들의 교육을 위해 가장 강력한 스폰서 역할을 하는 것을 마다하지 않는다. 고등교육의 지식전달 방식과 내용을 혁명적으로 바꾸고, 대학에 들어가면 소멸되는 배움의 모멘텀을 잃지 않는다면 한국은 수많은 세계적 인재들을 양산할 수 있는 새로운 메카가 될 수 있을 것이다.

> **| 사례 | 무역마스터 과정 졸업생이시군요, 계장으로 채용하겠습니다**
>
> 2003년 7월, 무역마스터 7기를 막 졸업한 교육생 한 사람이 떨리는 마음으로 면접을 보고 있었다. 열심히 준비했지만 워낙 취업이 어려워 초조함을 감출 수 없었다.
>
> 면접관이 무역협회의 무역마스터 과정을 잘 안다고 하면서 말했다.
>
> "무역마스터 과정은 입학하기도 어렵고 이수하기는 더 어렵다는데, 우수상을 받았으니 바로 실무에 투입할 만큼 충분한 실력을 갖추었겠네요."

면접 이틀 후, 업체로부터 합격통지를 받았다. 무역마스터 과정 10개월을 경력으로 인정받아 '계장'으로 입사를 시키겠다는 통지서였다. 사장이 무역실무는 물론 영어와 일본어까지 구사할 줄 아는 우수한 인재이니, 사원이 아닌 계장으로 발령을 하라고 지시했다는 것이다.

특별한 홍보 없이도 지난 10년간 무역마스터 과정 졸업생의 평균 취업률이 100%에 육박하는 것은 무역마스터 출신이 업무 능력은 물론 인성 면에서도 매우 탁월하다는 소문이 무역업계에 널리 퍼져 있기 때문이다.

한국 무역의 희망과 미래가 이곳에 : 무역아카데미

한국무역협회는 무역, 국제비즈니스 및 IT 분야의 온·오프라인 전문교육기관인 '무역아카데미WTA ; World Trade Academy'를 운영하고 있다. 무역아카데미는 1965년 '수출입국輸出立國을 선도할 무역전문인력의 양성'을 목적으로 '수출학교'로 개교한 이래 오늘에 이르고 있다.

'무역아카데미'는 무역실무, 국제통상 및 IT와 관련된 다양한 온·오프라인 교육 과정을 운영하고 있다. '국제무역사'와 '외환관리사' 등의 자격시험도 실시하고 있다. 서울대 국제대학원과 공동으로 CEO를 위한 전문 과정도 운영하고 있다. 다양한 교육과 서비스 중에서도 무역아카데미를 대표하는 과정은 단연 '마스터 과정'이다. 마스터 과정은 '무역마스터 과정'과 'IT마스터 과정'으로 나뉘며, 두 과정 모두 오프라인 교육이다.

'세계를 이끌 무역전사貿易戰士를 양성한다'- 무역마스터·IT마스터 과정

IT마스터 과정은 IT 분야 최고의 전문인력 양성을 목적으로 개설된 과정이다. 무역마스터 과정은 국제비즈니스 전문가 양성을 목표로 개설한 과정이다. 두 과정 모두 1인당 투입되는 전체 학습 비용이 1,000만 원의 가치를 지닌 커리큘럼이다. 그러나 이 중 본인이 40%를 부담하고, 나머지는 무역협회가 지원한다.

'무역마스터 과정'은 총 10개월 과정으로, 실제 200일의 교육일수와 총 2,000시간이 투입된다. 최초 개설된 이래 평균 99%의 취업률을 자랑한다. 또한 취업자 중에서 84%가 무역업계에 진출하여 21세기 한국 무역을 위한 인재 양성소로 평가받고 있다. 돈이 있다고, 지원만 한다고 되는 것이 아니다. 서류 전형과 면접에서 '합격'이 되어야 정식 수강생이 될 수 있다. 합격해도 웬만한 열정과 인내심 없이는 수료할 수 없다.

'IT마스터 과정'도 총 11개월 동안 교육일수 220일, 교육시간은 2,200시간이다. IT 부문과 외국어 부문으로 구성되며, 하루 10시간의 교육을 받게 된다. 매일 IT 부문 6시간, 외국어 2시간, 실습 2시간 등 총 10시간의 강도 높은 교육으로, 지난 4년간 99%의 취업률을 달성했다. 이 중에서 72%는 일본에 취업하는 등 해외 취업의 비중이 높아 상품 수출지원 이상의 기여를 하고 있다.

마스터 과정의 한 수강생은 "높은 관심과 열정이 없는 사람이나 대충하려는 사람은 차라리 하지 않는 게 낫다"고 말했다. 실제로 전체 수강생 중에서 10% 정도가 중간에 포기한다. 학생들 말에 따르면, 교육 초반이나 종반에 포기하는 사람이 많다고 한다. 자체 평가에서 일정 수준의 성적을 받지 못하여 퇴출되는 경우도 있다. 무역마스터 과정 6기 수료생인 진지민 씨는 "아침부터 저녁 6시까지 정규 수업을 받는다. 저녁을 먹은 후에는 스터디 모임이 진행된다. 주말에도 스터디 모임과 프로젝트, 그리고 과제 준비로 바쁘다. 일반 대학의 무역학과에서 3~4년 동안 배울 것을 10개월 동안 배운다. 결코 만만한 코스가 아니다"라고 말했다.

무역협회의 IT마스터 과정과 무역마스터 과정이 다른 기관의 유사 과정들과 다른 차별성은 무엇이냐는 질문에 대하여 대부분의 수료생들과 수강생들은 '체계적인 커리큘럼, 업계 전문가들로 구성된 우수한 강사진, 최고 수준의 시설, 엄격한 학사관리, 집중적인 외국어 교육, 실무 중심의 프로젝트'를 꼽았다.

마스터 과정을 수강하는 학생들은 1인 1PC를 지원받으며, 연중 24시간 강의실과 스터디룸을 이용할 수 있다. 아울러 열람실, 어학실습실, LAB실, 샤워실, 수면실 등을 갖추고 있다. 최고의 시설이라 할 만하다. 강사진과 과정 담당자가 정규 수업이 끝나는 저녁 9시까지 상주한다. 학생 개별지도와 진로상담이 수시로 이뤄진다. 무역마스터의 경우, 매달 말에 평가를 실시하고 그에 따라 벌점제도를 운영하고 있다. 벌점이 일정 수준을 넘으면 중국 연수나 취업 보장 등 몇 가지 혜택을 받지 못하게 된다.

두 과정은 한마디로 '강도 높은 수련의 장'이다. 커리큘럼과 학사 관리가 엄격하다 보니 비전공자도 교육을 수료하면 실무에 바로 투입될 수 있는 수준이 된다. 무역마스터 과정 12기 수강생인 박쌍용 씨는 "나는 대학에서 체육을 전공했다. 그런 내가 4개월 만에 국제무역사 시험에 합격하고 무역영어 1급을 획득했다. 무역에 대해 아무것도 모르던 내가 새로운 지식을 배워 나가면서 개인적으로 변화된 모습을 느낀다"라고 무역마스터 과정을 이수한 소감을 밝혔다.

교육이 워낙 철저하다 보니 수료생들을 채용한 업체의 피드백도 좋을 수밖에 없다. IT마스터 과정의 수료생들을 채용한 일본의 정보기술업체의 한 간부는 "IT마스터 과정의 출신들은 외국어는 물론이고, IT 기술도 6~10개월간 교육받은 후 일본에 취업하는 일본의 교육기관 출신자들보다 훨씬 우수하다"고 말했다.

| 사례 1 | **좋은 인재를 주신 보답을 장학금으로 하고 싶습니다**

실제로 일본 IT업체들이 한국무역협회 무역아카데미의 해외 취업인력 양성사업인 IT마스터 과정에 잇따라 장학금을 전달해 화제가 되기도 했다. 일본의 네트워크 관리 및 솔루션 개발업체인 ISFNet의 와타나베 유키요시 사장은 무역협회 IT교육센터를 방문해, 일본 진출 IT인력 양성사업을 지원하고 싶다며 장학금으로 1,500만 원을 전해 오기도 했다. 와타나베 사장은 "지난해 12월 수료한 IT마스터 5명을 채용했는데, IT와 일본어 실력이 뛰어나고 일본 젊은이들에게서 찾아볼 수 없는 적극성을 지니고 있는 등 인성 면에서도 우수해 앞으로도 IT마스터 과정 수료생들을 계속 채용할 계획"이라고

밝혔다. 일본 도쿄에 위치한 금융 및 유통관련 소프트웨어 개발업체 PDS도 학업성적은 우수하지만 가정형편이 어려운 IT마스터 과정생들의 학업지원을 위해 장학금 1,000만 원을 전달했다. 또 그동안 IT마스터 과정 수료생들을 채용했던 2~3개 일본 IT기업에서도 장학금 기탁을 검토하고 있는 것으로 알려졌다.

| 사례 2 | 한류韓流와 IT마스터가 만나면

더 재미있는 일은 IT마스터들이 해외의 업계에서만 환영받는 게 아니라 일본 여성들에게서도 믿음직한 남편감으로 부상하고 있다는 점이다. 얼마 전 IT마스터 과정 출신 해외 기업 취업자와의 간담회 참석차 일본에 갔던 무역아카데미 사무국장은 간담회 대화 중에, IT마스터 출신 5명이 일본 여성들과 결혼했고, 3~4명은 결혼할 예정이며, 결혼을 전제로 교제 중에 있는 사람까지 하면 훨씬 많다는 얘길 듣고 놀라운 마음을 감출 수 없었다고 한다.

이러한 변화는 한국의 IT인력들이 해외에서 기술적으로 인정받는 것은 물론이거니와 한국인에 대한 일본인의 인식이 크게 바뀌고 있음을 보여 주는 좋은 예라 할 수 있다. 여기에는 한류韓流도 한몫 톡톡히 한 것이 틀림없다. 일본 여성과 결혼한 어떤 졸업생은 자신이 요즘 동남아에 불고 있는 한류의 최대 수혜자라고 말했다. 그러면서 무역아카데미의 IT마스터 수료증의 위력은 한류 그 이상이었다고 덧붙였다.

IT마스터 과정 2기 수료생인 황만석 씨는 1년간의 교육을 "내 일생에서 가장 큰 획을 그었던 사건"이라고 표현했다. 그는 현재 일본의 IT기업인 미쓰비시전기정보네트워크에서 일하고 있다. IT마스터 과정이나 무역마스터 과정의 수강생 3명 중 한 명 이상이 수료생들의 입소문을 통해 선택하게 되었다고 한다.

수료생들과 수강생들에게 "마스터 교육과정을 타인에게 추천하겠는가"라고 질문하자, 전원이 '강력 추천'이라고 대답했다. 진지민 씨는 "무역에 관심을 갖고 있는 사람들에게 적극 추천한다. 나도 2명에게 추천했는데, 둘 다 현재 열심히 교육을 받고 있다"고 말했다. 한 수강생은 "여기서 하루 종일 매여 살아야 하므로 인내심과 열정이 있는 사람만 추천하겠다"고 말하기도 했다. 수강생들의 하루 일과는 고3 수험생 수준이었다. 1년의 세월을 참아낼 수 있느냐가 관건이다. 일본 현지업체에 채용되면 연봉은 신입직원의 경우 300~350만 엔 정도이고, 2년 정도의 경력을 가진 사람의 경우에는 350~400만 엔 수준이다.

미래의 장보고를 키운다 : 대학생 트레이드 인큐베이터Trade Incubator 사업

무역협회는 온·오프라인 교육 외에도 미래의 무역인력 양성을 위해 '대학생 해외견문단', '청년 무역인력 양성사업', '트레이드 인큐베이터사업' 등 다채로운 프로그램을 운영하고 있다. 이런 사업 및 프로그램들은 대부분 산업자원부 등 정부와 공동으로 진행하고 있다. 이 중에서 트레이드 인큐베이터사업에 대하여 좀더 자세하게 알아보자.

트레이드 인큐베이터TI사업은 전국의 지방대학에 무역실습을 수행하는 트레이드 인큐베이터를 설치하고, 대학생을 대상으로 무역실무, 산업체 현장 실습, 무역 마케팅활동 등의 교육을 실시하는 사업이다.

매년 5월 해당되는 지방대학의 3학년생들을 대학별로 50명씩 자율 선발한다. 선발된 학생들은 학기 중에 무역실무교육을 이수하고, 컨설팅 회사의 무역실무 실습지도를 바탕으로 온라인상에서 실제 무역업체의 상품에 대한 수출계약을 체결하는 활동을 수행한다. 이를 위해 해당 대학의 소재지에 있는 중소기업체들과 양해각서 Memorandum Of Understanding를 체결하고 있다. 수출을 원하는 중소기업들이 많고 기업들에게 손해되는 것이 없으므로 양해각서 체결에는 별 문제가 없다.

한남대 TI사업단 학생들은 제7회 국제인삼교역전 '해외 바이어 초청 수출상담회'에서 5,000만 달러 수출상담 실적을 기록하는 동시에 불가리아 바이어와 2만 5,000달러의 홍삼 자일리톨 껌 수출계약을 체결했다. 그동안 한남대 TI사업단은 금산군청과 무역협회로부터 해외 바이어 초청 상담회 주관기관으로 선정돼 인터넷을 통해 해외 홍보를 담당하고 수출상담회에 참가할 유망 바이어를 발굴해 왔다.

최장우 한남대 TI사업단장은 이번 행사로 "TI 학생들이 수출상담회를 통해 직접 자신들의 노력으로 해외 바이어 초청에서부터 행사의 모든 과정을 성공적으로 소화해 냈다는 자신감을 갖게 됐다. 지방 중소기업의 수출시장 개척을 위한 산관학 협력의 새로운 모델이기도 하다"고 의미를 부여했다.

그런가 하면 영남대 TI사업단은 2005년 3월 15일부터 닷새간 개최된 일본 오사카국제선물용품박람회에 참가하여 신제품 콘테스트 부문에서 우수상을 수상했다. 또한 현장판매와 수출계약을 합하여 1,600만 원 어치의 수출실적을 기록하기도 했다. 영남대 TI사업단에서는 전통인형과 진주 핸드폰 액세서리, 컬러점토, 핸드 드라이어, 야광벽지, 미니팩, 콩세제 등을 출품하였다. 이 중 협력회사 (주)한올아이텍에서 생산한 '별자리 야광벽지'가 신제품 콘테스트에서 우수상을 차지하여 6개월 동안 일본 전역의 주요 매장에 전시되었다.

영남대 TI사업단 전정기 교수는 "경쟁력 있는 무역 전문가는 전문적인 무역이론과 실무지식, 우수한 외국어 실력 이외에도 세계시장의 흐름을 읽는 지혜와 협상 능력, 도전의식까지 갖춰야 한다. 이번 박람회를 통하여 학생들의 무한한 발전 가능성을 발견했다"고 말했다.

TI사업은 수출실적달성보다는 젊은이들에게 조기에 국제비즈니스 현장에서 일어나는 일들을 체험하게 하여 국제비즈니스 감각을 갖춘 미래의 무역전사를 육성하는 데 그 목적을 두고 있으며, 무역협회는 TI사업 외에도 청년무역인력 양성 및 해외견문단사업 등을 통해 '미래의 장보고'를 육성하는 데 많은 노력을 기울이고 있다.

2. 연구도 경쟁이다. 남이 하지 않는 연구를 하라

모든 분야에서 차별적인 정보는 핵심 경쟁력이다. 무역업계에서도 마찬가지다. 꼭 필요하지만 남들이 하지 않는 연구를 위해 무역협회는 기존의 무역조사부의 기능을 확대, 개편하여 2003년 4월 무역연구소를 설립하였다.

무역연구소의 역사는 협회 그 자체의 역사이기도 하다. 현재의 무역연구소는 조사부에 그 뿌리를 두고 있다. 조사부는 협회 창립과 동시에 설치되었으며, 시대의 변화에 따른 무역협회의 기능변화에 맞춰 발전해 왔다. 특히 2002년 들어 새로운 도약의 전기를 맞게 되었다. 세계 12위권의 한국 무역의 위상에 걸맞은 무역전략을 개발하고 선도하기 위해서는 전문적인 무역연구기관이 필요하다는 최고경영자의 의지와 무역조사부 직원들의 지지 속에 '무역연구소 TRI ; Trade Research Institute'로 다시 탄생하게 되었던 것이다.

읽히는 보고서를 만들어라

무역연구소로의 체제전환과 함께 무역협회 최초로 무역연구소장에 외부인사가 영입되었다. 동시에 '중국 전문가' 역시 영입되어 중국시장에 대한 연구역량을 강화하게 되었다. 무역연구소 직원들 역시 젊고 유능한 전문연구인력 중심으로 정비되었다.

가장 중요한 변화는 연구실명제가 도입되었다는 점이다. 연구원들은 자신의 이름으로 발표되는 연구보고서에 온갖 정성과 품을 들였다. 따라서 자연히 연구보고서의 질이 높아지게 되었다. 과거 "협회가 간행하여 회원사에게 배포되는 조사보고서는 회원사 대표에게 도착하는 즉시 바로 쓰레기통으로 들어간다"는 자조적인 목소리는 더 이상 나오지 않았다. 최근 무역연구소에서 발표하는 각종 조사보고서는 정부 및 유관기관, 회원사들에게 유용한 자료로서 널리 활용되고 있다. 때론 정부로부터 직접 맞춤 자료에 대한 요청을 받는 경우도 많아졌다.

연구보고서 실명제는 또한 연구원 개개인의 이름값을 높여 주었다. 연구를 담당했던 직원들은 직급의 고하를 막론하고 자신이 만든 보고서에 대해서는 직접 언론을 상대로 브리핑 자료를 제공하고 있다. TV, 신문, 라디오 등의 인터뷰에도 적극 응하는 한편, 각종 설명회 혹은 세미나 등에 나아가 주제발표 혹은 토론참여를 하면서 자신들의 연구 성과를 널리 전파하고 있다. 연구소 경력 15년차의 한 중견연구위원은 최근 연구소의 변화된 분위기를 다음과 같이 잘 전해 주고 있다.

"과거 조사부 시절 직원이 만든 조사보고서는 대부분 무역협회 혹은 조사부 이름으로 발표되었다. 연구자가 하급 직원인 경우, 연구자의 이름을 연구보고서에 싣는 경우는 거의 없었다. 그러나 무역연구소로 바뀐 후엔 입사 2~3년차 직원일지라도 자신이 만든 보고서의 경우 직접 TV, 신문과 인터뷰를 하며 자신의 연구 성과를 설명하게 되었다. 변해도 참 많이 변했다. 긍정적인 변화가 아닐 수 없다."

21세기 국가무역전략을 도출하라

우수한 인력의 보강과 실명제 연구를 통해 강화된 무역연구소는 국가의 중장기 무역정책 및 전략 개발, 수출입 동향 분석 및 전망, 해외 시장정보 제공 등 기존의 고유 업무의 질을 높여 놓았다. 그뿐만 아니다. 신흥시장에 대한 연구 및 21세기 신무역전략을 개발하기 위해 핵심 역량을 집중하고 있다. 아울러 참여 정부의 핵심 경제전략의 하나인 '동북아 경제 중심'이라는 개념의 산실로서 무역부문의 실천전략을 중점적으로 연구하고 있으며, 동남아시아를 중심으로 불고 있는 한류 열풍을 수출 마케팅으로 연결시키기 위한 전략 개발에도 노력하고 있다.

또 하나 매우 특별한 주력 활동은 복합무역과 관련된 일이다. 무역연구소는 지식기반 경제시대의 도래에 맞춰 기존의 상품 중심의 무역에서 벗어나 보이지 않는 상품인 서비스, 문화, 생산요소 등이 모두 결합된 종합경쟁력으로서의 복합무역이라는 개념을 창조해 냈다. 복합무역을 통한 수출 증대 및 국가경쟁력 제고를 위한 연구와 전략개발에도 주력하고 있다.

현장에서 전망하라

매년 11월이 되면 무역연구소 동향분석팀의 수출입전망 담당 직원은 바빠지기 시작한다. 다음해 수출입 전망 발표에 대한 관심이 무역연구소에 집중되기 때문이다. 연구소의 수출입 전망치는 바로 무역협회 홍보실을 통해 협회 출입기자들에게 전달된다. 이 수출입 전망은 무역현장 취재를 바탕으로 집계 추산된 것이다. 무역연구소도 보통 다른 연구기관들처럼 수출입 전망 모형에 의한 추정을 하지만 여기에 더해 20개 주요 수출 품목별로 수출업계에 대한 지속적인 모니터링을 통해 업계의 현장 분위기를 판단하여 수출입 전망에 반영한다.

'현장에서 전망하라'는 모토에 따라 무역연구소 연구원들은 각자 맡은 품목에 대해 일년에 4~5차례씩 수출입 업체를 방문하여 수출입 동향을 체크하고, 때로는 관련품목 전문가 및 업종별 수출입 단체, 조합 등을 방문하여 현장방문 리포트를 작성해 둔다. 평소에 조사해 놓은 자료와 맺어진 네트워크를 통해 해마다 9~10월이 되면 무역연구소 담당자들을 중심으로 맡은 품목의 수출입 전망치를 세부품목별, 지역별로 전망하게 된다. 이 과정에서 주요 대기업의 주된 수출입 품목인 반도체, 자동차, 컴퓨터, 조선, 전자, 석유 등에 대한 모니터링이 더욱 강화된다.

이렇게 작성된 수출입 전망은 일회성 전망에 그치지 않고, 이듬해 오차율, 오차의 발생요인 등을 검토, 평가하여 수출입 전망치를 수정하고 있다. 또한 품목별 전망도 작성자 개인의 이름을 명기토록 하여 책임감을 부여하고 있다. 이러한 노력의 결과, 과거에 비해서 오차율이 낮아지고 있으며, 업체의 생생한 현장의 목소리가 반영되고 있다. 무역협회의 수출입 전망은 언론사뿐만 아니라 정부 및 유관기관에서 무역업계가 느끼는 전망에 가장 가깝다고 인정받고 있다.

3. 전자적 표준 프로세스를 만들어 미래 경쟁력을 강화하라

정부와 무역협회는 1999년 무역의 날에 '21세기는 사이버 무역의 시대로'라는 슬로건을 내걸었고, 세계 5위 안에 드는 사이버 무역의 강국이 되자는 비전을 내놓았다. 김재철 회장도 무역협회 취임 초기부터 전자무역의 활성화를 강조했다. 그는 『지도를 거꾸로 보면 한국인의 미래가 보인다』는 저서 속에서 전자무역의 중요성에 대해 이렇게 말했다.

> "결국 우리나라 수출의 최대 승부처는 사이버 무역이다. 인터넷은 21세기 우리 기업들이 무역 업무의 핵심 수단으로 사용할 것으로 보인다. 이런 점에서 사이버 무역을 우리나라가 선진 경제대국으로 도약하는 발판으로 삼아야 하는 것은 당연한 일이다."

인터넷을 통한 전자무역은 폭발적으로 확산될 수 있는 매력을 갖추고 있다. 시간과 공간상의 장애는 사라지고 무역거래에 소요되는 속도는 획기적으로 향상되고 있다. 효율적인 정보 수집이 가능하고 무역거래에 수반되는 비용도 절감되었다. 인터넷으로 상징되는 정보통신 혁명은 무역의 형태 역시 혁명적으로 바꾸어 놓은 것이다.

'e-Trade KOREA 2007' 프로그램을 주도하라

전자무역의 잠재력을 확신한 무역협회는 전자상거래 전담조직인 'e-트레이드팀'을 신설했다. 무역협회의 힘만으로는 벅찼다. 전자무역사업의 원활한 진행을 위해서는 관련법을 수정하고 새로운 법을 제정해야 했다. 또한 산업자원부와 재정경제부, 정보통신부를 비롯한 정부 관련부처의 적극적인 지원이 필요했다. 무역협회는 당시 국무총리였던 고건 총리를 초청해 간담회를 갖고 전자무역의 중요성을 역설했다. 그리고 노력은 결실을 맺었다. 2003년 7월 정부 12개 부처의 장차관과 민간 무역기관 대표들로 구성된 '국가전자무역위원회'가 설립되었다. 무역협회가 사무국 역할을 맡아 주도적으로 이끌었다.

중요한 것은 기존의 프로세스를 단순히 전자화하는 것이 아니라, 프로세스를 기본적으로 혁신하는 것이었다. 2004년 6월, '무역프로세스 혁신 및 정보화 계획BPR/ISP'이 수립되었다. 그동안 무역 프로세스가 부분적으로 전자화되어 있었지만 도처에서 끊겨 있어 제대로 흐름을 타지 못하고 있었다. 마치 고속도로가 군데군데 일부분만 개통되어 있는 형국이라 물 흐르듯 신속한 업무 흐름이 불가능했다. 따라서 '단절 없는 전자무역 프로세스Seamless e-Trade' 구현을 위한 무역업무 전반에 걸친 프로세스 혁신 및 정보화가 추진되었다.

'전자무역혁신계획e-Trade KOREA 2007'을 수립하고, 물류, 통관, 금융 등 무역 관련 모든 프로세스에서 발생하고 있는 고질적인 문제들을 해결하기 위해 33대 과제를 도출하여 추진을 결의했다. 실행조직으로 무역협회 내에 '전자무역추진센터'를 설치했다. 정부와 무역협회는 2004년 12월, 300억 원을 들여 'e-Trade KOREA 2007' 프로젝트를 시작하였다. 무역협회는 금전적인 투자 외에도 사무실과 인력 등을 추가로 제공하며, 전자무역 추진의 민간 분야 허브로서 주도적 역할을 더해 가고 있다.

세계 최초의 '전자신용장e-L/C 유통 시스템'을 개통하다

'전자무역추진센터'는 2005년 6월 중순, 18억 원이 투자된 '전자무역사업 1차 구축사업'을 완료하였다. 1차 구축사업의 핵심은 전자무역의 주요 인프라에 해당하는 '전자무역문서보관소'와 '전자신용장e-L/C 유통 시스템'을 성공적으로 구축한 것이다.

이제까지 무역업체들은 같은 문서를 여러 관련기관에 제출하기 위해 반복하여 작성하는 불편함을 겪어 왔다. 하지만 '전자무역문서보관서'를 이용하는 무역업체들은 이런 불편함을 덜 수 있게 됐다. 이제 수출입신고필증을 비롯한 초기 중요 문서 10종은 발급과 동시에 'e-Trade 플랫폼'에 보관된다. 보관된 문서는 필요시 다른 기관에 제공되며, 그 기관은 해당 정보를 다운받아 사용하면 된다. 간단히 말하면, '전자무역문서보관서'는 초기 10개의 무역 관련 중요 문서를 보관하고 증명하고 중개하는 역할을 수행하는 것이다.

2007년부터 내국신용장, 구매확인서, 원산지증명서, 수출입신고필증, 수출입요건확인서, 화물인도지시서, 선하증권, 항공화물운송장, 화물선취보증서, 적하보험증권 등 나머지 무역 관련문서에 대해서도 모두 전자화할 계획이다. 이 모든 서류가 전자화되면 지금까지 무역업자가 수출대금을 결제하기 위해 종이로 출력한 신용장을 들고 일일이 은행을 방문하던 번거로움이 없어지고, 집이나 사무실에서 인터넷으로 관련업무를 간편하고 신속하게 처리할 수 있게 된다.

‘전자신용장 유통 시스템’은 세계 최초로 개발된 시스템이다. 최근 들어 송금이나 오픈 어카운트open account 방식을 활용하는 무역업체들이 늘어나면서 신용장letter of credit 사용이 줄고 있지만, 중소기업들에게 신용장은 여전히 중요하다. 아직까지도 대부분의 중소기업들은 은행의 신용을 담보로 해서 무역거래를 하고 있다. 보통 신용장은 원본을 들고 다녀야 하고 분실과 위조의 위험도 있었다. ‘전자신용장 유통 시스템’은 신용장의 통지, 조회, 갱신 등 이력관리를 비롯해, 매입신청, 원본 보관 및 증명, 잔여한도관리 등을 전산화한 것이다. 이 시스템을 이용하면 무역업체는 인터넷으로 신용장 관련업무를 처리함으로써 무역업무를 신속히 처리하고 무역거래비용도 절감할 수 있다.

‘전자무역추진센터’의 김현철 차장은 “이제 1차 사업을 완료한 것에 불과하지만, 세계적으로 전자무역에 있어 이 정도 시스템을 갖춘 나라는 없다는 자부심을 갖고 있다”고 말한다. 또한 그는 “이번에 개발된 모델이 국내에 성공적으로 정착되면, 우리의 전자무역 시스템을 외국에 마케팅하고 수출할 계획”이라고 밝혔다.

무역협회가 개발한 전자무역 시스템은 앞으로 한국의 무역에 2조 원대의 서비스비용 절감효과를 가져다 줄 것으로 추정되고 있다. 이 모델의 개발은 여기서 그치는 것이 아니라 국내의 성공을 바탕으로 한국의 전자무역 시스템을 외국에 마케팅하고 수출하는 계기가 될 것이다. 무역협회가 무형 서비스의 수출에 직접 기여하고 있는 것이다.

집필메모 7

지식은 이제 단 하나의 중요한 생산요소가 되었다. 지식 국력이 곧 그 나라의 경쟁력을 의미하게 되었다. 지식은 곧 사람과 정보 그리고 연구를 전제로 한다.

1. 한국인, 그들이 바로 블루오션이다. 한국인의 특징은 대체로 공동체주의에 입각한 관계지향적이며, 자부심이 강하여 때때로 배타적이고, 쉽게 흥분하지만 역동적이며, 근면하고 배움에 강하다. 특히 파격의 멋을 즐길 줄 안다. 이것은 역동적이며, 테크놀로지 중심적이며 예측 불가능한 21세기적 특징에 매우 잘 어울리는 속성들이다. 잘 계발하면 쉽게 세계적 수준의 인재들로 편입될 수 있다. 세계가 한국인들에 대한 수요를 넓혀 가도록 세계적 수준의 인재계발에 대한 범국가적 투자가 절실하다.

2. 세계를 현장으로 삼아라. 어떤 공익 산업에 종사하든 관련분야의 글로벌 인재를 배양해 내지 않으면 안 된다. 예를 들어 무역협회가 체계적으로 청년 무역인들을 키우고 대학생들을 국제적 무역인력으로 인큐베이션하는 것은 다른 비영리 조직에서 벤치마킹해야 하는 훌륭한 공적 기여가 아닐 수 없다.

3. 사람과 전문성을 수출하라. 열악한 조건에서 육체 노동력을 수출한 것이 과거였다면, 좋은 조건에서 전문적 기술력을 수출하는 것이 앞으로 가야 할 방향이다. 예를 들어 무역협회가 IT마스터나 무역마스터를 지독하게 훈련시켜 외국에서 선호하는 인력으로 양성해 나가는 것은 사람을 통해 한국을 수출하는 것이다. 좋은 인재는 추가적 수요를 낳게 되며, 그들이 세계 속에서 새로운 고품격 국가 이미지를 만들어 낸다. 한국에게 있어 한국인은 최고의 21세기 전략 상품이다.

4. 현장에서 조망하고 현장에서 정보를 만들어 내라. 그동안 연구 인력들에게 책상과 실험실이 일터였을 것이다. 그러나 그것으로 그쳐서는 안 된다. 또 하나의 절대적 실험실은 바로 현장이다. 모든 비즈니스의 온상은 시장이어야 한다. 현장에서 조망되고 현장에서 만들어진 정보와 연구만이 실용적 가치를 가질 수 있다.

5. 남이 하지 않는 연구를 하라. 유일한 것이 차별적인 것이다. 이론의 여지가 없다. 연구 역시 새로운 수요를 찾아 유효한 정보를 제공해 주기 위한 것이다. 연구의 실명제를 도입하고, 스스로 연구 결과에 따라 개인의 브랜드가 평가되게 하라.

6. 첨단 기술을 활용하여 기술이 미래 경쟁력에 공헌하게 하라. 기술의 활용은 새로운 수요와 새로운 업무수행 방법을 가능하게 해준다. 예를 들어 인터넷 기술의 위대함은 그것이 세상의 일상과 일반인의 생활을 바꾸어 놓은 데 있다. 기술은 기술로 끝나는 것이 아니다. 그것을 적절히 활용하는 조직이나 개인에게 새로운 비즈니스 기회를 제공한다는 매력이 있는 것이다.

08 글로벌 서비스를 제공하라

이미 국경을 넘나드는 다국적 기업은 4만 개를 넘어 섰다. 200개 정도의 초대형 다국적 기업이 세계 경제의 1/4 이상을 주무르고 있고, 전 세계 무역의 1/3은 기업 간의 거래로 구성되어 있다. 세상에서 가장 큰 100대 경제권 중 다국적 기업이 51개를 차지하고 있다. 공급의 과잉이 생겨난 곳에서 벌어지는 경쟁의 치열함은 과거와 비교할 수 없다.

경쟁이 더욱 치열함을 더해 가는 또 다른 이유는 각 나라가 전략적으로 매우 유사한 분야에 혼신의 노력을 기울이고 있기 때문이다. 예를 들면 일본이 21세기 초기에 전략적으로 육성해야 할 국가적 주요 산업 분야는 초소형 전자 산업, 생명공학, 신소재 산업, 통신 산업, 민간 항공, 로봇 공학, 공작기계, 그리고 컴퓨터 하드웨어 및 소프트웨어 등이다. 미국과 유럽연합의 관심 역시 대체로 이 분야와 일치하고 있다. 한국 역시 예외가 아니다. 그 이유는 자명하다. 모두

가 이 분야의 산업을 원하고 있기 때문이다. 고수익과 고성장을 만들어 낼 수 있는 산업 분야를 외면할 국가나 기업은 없는 것이다.

경쟁은 우리에게 세계적 수준에 도달해야 한다는 긴박성과 한국적 특수성을 차별화의 원천으로 활용할 것을 요구하고 있다. 우리는 세계적 배움에 끊임없이 목말라야 한다. 동시에 한국적 특수성의 세계적 보편화를 통해 차별적 리더십을 장악해야 한다.

1. 세계적 수준의 서비스를 제공하라

저성장의 어려움 속에서 한국의 21세기가 시작되었다. 국가의 브랜드 프리미엄 없이는 가치사슬의 하부下部에서 일은 고되고 얻는 것은 적은 열악한 삶이 지속될 것이다. 더 이상 코리아 디스카운트가 계속되게 허용해서는 안 된다. 한국은 세계로 나가야 한다. 그리고 세계를 한국 속으로 받아들여야 한다. 세계적 수준을 확보하고 세계적 브랜드 이미지를 만들어 내야 한다. 글로벌 역량의 계발 없이는 미래가 없기 때문이다.

고유의 업무를 국제적 명품名品으로 만들어라

2002년부터 무역협회는 코엑스라는 전시컨벤션 전문업체가 있음에도 불구하고 중소기업의 수출증대와 전시산업의 국제화를 위하여 국제 전문전시회를 직접 육성하기 시작했다. 지금까지 무역협회는 '수출 증대 및 한국에 대한 긍정적 인식 제고'라는 공익성과 '다른 곳에서 하지 않지만 꼭 필요한 아이템'을 전시방향으로 잡고 총 4개의 국제 전시회를 개최해 왔다. 2003년부터 서울스포츠레저산업전 SPOEX과 국제컴퓨터·소프트웨어·통신전시회IT KOREA-KIECO를 시작했다. 이어서 국제보석·시계전시회Jewel Fair Korea를 개최하고, 부산에서 국제조선해양대제전Marine Week을 개최했다.

유럽 아웃도어 브랜드 사레와Salewa를 국내에서 생산, 유통하는 메이데이의 오선동 사장은 "SPOEX가 없었다면 오늘날의 메이데이도 없었을 것이다"고 잘라서 말한다.

아웃도어 시장은 확대되고 있으나, 2002년 당시 사레와의 고급 등산복과 등산화에 대한 수요는 높지 않은 상황이었다. 오 사장은 자사 브랜드에 대한 시장점유율이 높지 않은 이유를 품질이나 가격이 아닌 홍보나 마케팅의 문제로 인식하고 있었다. 그는 소비자들이 자사의 제품을 직접 보고 입어 볼 수 있는 체험 마케팅이 필요하다고 생각했다. 그러나 대리점이나 상설점이 전무한 상태에서 이를 실행할 특별한 대안이 없었다.

마침 스포츠레저전시회SPOEX를 기획하고 있던 무역협회는 대형 국제 전시회를 위해서는 국내 제조업체뿐만 아니라 유명 해외 브랜드의 참여가 필수적이라고 생각하였다. 그러나 해외 유명 브랜드들의 전시회 참여에 대한 반응은 매우 소극적이었다. 이에 따라 신규 브랜드를 참가 대상 기업으로 선정하고, 메이데이에 전시회 참가를 권유하게 되었다.

체험 마케팅의 방법을 모색하고 있던 오선동 사장은 전시회 참가가 대안이 될 수 있다는 생각은 들었지만 국내 전시회에 대해서는 회의적이었다. 더욱이 메이데이의 실무자들은 국내 전시회에 참가하기보다는 같은 비용으로 독자이벤트를 개최하자고 주장하고 있었다. 그러나 관료적이라고 생각했던 무역협회 직원이 수시로 방문하여 세부적이고 구체적인 마케팅 계획을 제시하면서 메이데이가 전시회를 통해 얻을 수 있는 혜택에 대해 업체 입장에서 접근하자, SPOEX에 대한 오선동 사장과 실무자들의 생각도 바뀌기 시작해 결국 전시회 참가를 결정하게 되었다.

일단 참가를 결정하자 준비는 급물살을 탔다. 오 사장과 실무자들은 열심히 준비했다. 기존 참가업체에서 볼 수 없었던 독특한 디자인을 선보였고, 부스 내에서 다양한 이벤트를 개최하였다. 사례와 부스는 4일간 참관객들로 만원을 이루었으며, 연일 미디어의 주목을 받게 되었다. SPOEX 2003 참가 후 메이데이의 대리점 개설에 대한 문의가 폭발적으로 증가하였다. 그리고 2005년 현재 전국적으로 약 40개의 대리점 및 상설점이 운영되고 있다. 전시회는 훌륭한 마케팅 도구였다. 성공한 것이다.

성공은 오선동 사장을 SPOEX의 전도사로 만들었다. SPOEX에 참가를 주저하는 아웃도어 대형 브랜드들에게 그는 누구보다도 열성적으로 전시회 참가를 권유하고 있다. 그는 포화상태인 아웃도어 시장에서 중소 아웃도어업체가 서로 상생하기 위해서는 신규 및 잠재적 수요를 창조해야 한다고 말하여 전시회를 통한 공동홍보의 필요성을 역설한다. 지금도 SPOEX 개최와 관련하여 많은 조언과 충고를 아끼지 않는다. SPOEX와 메이데이는 함께 동반 성장을 꿈꾸고 있다. 이것이 바로 좋은 파트너십인 것이다.

무역협회는 내수 위주의 중소규모 전시회에 집중해 온 국내 전시업체들과는 달리 대형 국제 전문전시회 개최에 초점을 맞추고 있다. 이러한 전시회는 국내에 있는 해외 기업의 대리점이나 에이전트가 참여하는 수준을 넘어서 해외에서 바이어와 돈이 직접 들어오는 전시회이기 때문이었다.

그러나 2000년대 초반까지만 해도 국내 전시사업의 환경은 경쟁국들에 비해 매우 열악한 편이었고, 국내 전시업체들은 전시회의 국제화에 관심을 갖지 않았다. 당시만 해도 국제 전시회를 개최할 규모의 전시장이 코엑스 외에는 거의 없었기 때문이다. 코엑스의 전시회 수용규모는 제한되어 있기 때문에 국내 업체와 국내 관람객만으로도 부족한 상황이었다. 국내 전시사업의 경쟁력은 규모, 전문 인력, 인프라 면에서 미국이나 독일과는 비교가 되지 못한다. 아시아에서도 열세를 면할 수 없다. 일본, 싱가포르, 홍콩에 비해 국제 전시회의 개최수와 규모 등이 훨씬 뒤떨어진다. 자랑할 만한 국제 전시회가 거의 없다 보니, 해외 바이어들의 인식도 '싱가포르와 홍콩은 국제적인 비즈니스 중심지'라고 생각하는 반면, 한국에 대해서는 '비즈니스하기 불편한 곳'이라는 인식에서 벗어나지 못하고 있다.

이런 문제의식에서 무역협회는 국제적인 전시회를 국내에서 개최하는 방안을 적극적으로 모색해 왔다. 해외의 업체나 바이어가 한국에 와서 비즈니스를 하면, 해외 전시회에 참여하는 경우보다 장기적으로 훨씬 더 큰 이익이 된다. 이들이 한국을 방문함으로써 이루어지는 쇼핑과 숙박 등을 통해 외화를 획득하는 부수적인 효과도 거둘 수 있기 때문이었다.

무역협회는 국제 전시회의 핵심인 해외 업체와 바이어를 유치하기 위해 해외 홍보에 중점을 두고 있다. 이를 위해 해외 바이어에게 숙박 제공과 패션쇼 개최 등의 이벤트를 포함한 '해외 바이어 인센티브 프로그램'을 운영하고 있다. 무역협회의 전시회에는 각 전시회의 특성에 따라 40여 개에서 100여 개의 해외 업체가 참여하고 있으며, 600명에서 1,000명 정도의 해외 바이어가 참가하고 있다. 무역협회는 전시사업의 후발주자이지만, 협회의 전시회 기획 및 운영 방법을 벤치마킹하려는 국내 전시업체들의 문의가 늘고 있다.

또한 전시회의 국제화와 전문화를 위해 전문가의 모니터링 제도를 실시하고 있다. 각 전시회별로 모니터링위원회를 구성하여 운영하고, 모니터링 결과feedback를 통해 해당 전시회의 장점과 약점을 파악하여 보완하고 있다. 꾸준한 모니터링을 통해 전시회를 보다 빠르게 국제화할 수 있고, 전시회 운영의 전문성을 향상시킬 수 있기 때문이다.

이러한 노력의 결과, 무역협회는 국제보석·시계전시회와 서울스포츠레저산업전에 대해 개최 3년 만에 프랑스 파리에 본부를 둔 국제전시연맹인 UFI Union des Foires Internationales로부터 국제인증을 취득했다. 이로써 무역협회는 '전시사업의 국제화'라는 목표에 한 걸음 다가선 것으로 평가받고 있다. 이제 전시회에도 국제적 명품이 만들어지기 시작한 것이고, 더불어 전시회에 참가하는 업체와 상품 또한 명품 대접을 받게 되는 것이다.

전시회는 오늘날 가장 효과적인 마케팅 수단 중의 하나로 평가받고 있다. 그러나 전시회에 참가한다고 모두 성공하는 것은 아니다. 따라서 기업의 입장에서 보면, 세계 각국에서 개최되는 전시회를 비교 평가하여 자사의 마케팅전략과 부합되는 전시회를 잘 선정하는 것이 중요하다.

전시회 인증제도란 참가 대상 기업들의 전시회 선정에 필요한 공정하고 객관적인 정보를 제공하기 위한 제도이다. 전시 주최자가 보고한 전시규모, 참가업체 및 참관객 현황에 관한 데이터를 정형화된 기준에 따라 회계법인 등의 전문 감사기관이 객관적으로 검증하고, 이를 인증기관이 승인하는 것을 말한다. 현재 전시회 인증제도로는 우선 국가별 인증이 있으며, 우리나라에는 전시산업진흥회가 올해부터 본격적으로 자체 인증제도를 도입하여 운영하고 있다. 국제적 기준의 인증으로는 UFI(국제전시연맹) 인증이 있다. UFI는 세계 전시산업을 육성, 발전시키고, 국제 경제교류를 촉진하기 위해 1925년 유럽 지역 20개 국제 박람회가 연합하여 설립된 국제단체다. 전시회의 국제화 및 대형화의 척도를 평가하는 가장 공신력 있는 인증제도로 평가받고 있다.

UFI 인증은 엄격한 인증조건을 요구하는 것으로 유명하다. 우선 10% 이상의 해외 업체가 참가해야 하고, 5% 이상의 해외 바이어가 참관해야 하며, 3년 이상의 개최 경력이 있어야 자격 요건을 맞출 수 있다. 현재 전 세계 334개 사의 회원사와 총 730개의 UFI 인증 전시회가 있다. 한국의 경우 100여 개의 전시주최기관 중 5개 기관만이 UFI 회원으로 가입되어 있고, 300여 개의 전시회 중 12개의 전시회만이 UFI 인증을 획득하였다.

해외 전시회의 한국관韓國館을 현지 마케팅의 전초기지로 만들어라

"제품이 있어도 중소기업은 해외 무역을 담당할 인력을 확보하기가 쉽지 않다. 솔직히 말해, 해외 시장에 관련된 정확한 정보 수집 능력도 거의 전무하다 보니, 해외 시장으로 바이어를 찾아다니면서도 무기력함을 느낄 수밖에 없었다. 이것이 우리 같은 중소기업의 현실이다."

이는 IT 업종의 어느 중소기업 사장의 말이다.

무역과 관련하여 중소기업들의 가장 큰 애로사항은 신제품 개발보다도 해외 시장 개척과 신뢰할 수 있는 바이어의 발굴이다. 국제 전시회는 중소기업들이 해외에 제품을 수출하고 마케팅할 수 있는 가장 유용한 수단 중의 하나이다. 좋은 환경에서 여러 해외 바이어들을 상대로 집중적으로 수출상담을 할 수 있는 기회만큼 중소기업에게 도움이 되는 것은 없기 때문이다.

무역협회는 매년 약 15개 정도의 해외 전시회에 한국관을 만들고 중소기업들의 참가를 지원하고 있다. 참여하는 업체들은 수출상담 및 계약에 있어 비교적 높은 성과를 내고 있다. 무역협회의 지원을 받아 해외 전시회에 참여한 (주)가우디지털의 장준용 사장은 무역협회의 지원에 대해 이렇게 말했다.

"무역협회에서 해외 바이어들을 알선해 주었고, 1대 1 수출상담에 동시통역도 지원해 줬다. 밀라노정보통신박람회와 국제컴퓨터ㆍ

소프트웨어·통신전시회IT KOREA-KIECO에 참가하여 바이어들에게 직접 시연해 제품을 소개하고 고정 판매 거래선을 확보할 수 있도록 도와주었다. 이를 통해 이제까지 10만여 대의 제품 주문 실적을 거둘 수 있었다."

2003년의 경우, 총 299개의 국내 기업이 무역협회의 지원하에 21개의 전시회에 참가하여 약 7,100만 달러의 계약(총 상담액 약 3억 4,000만 달러)을 체결했다. 2004년에는 총 204개의 국내 기업이 13개의 전시회에 참가하여 약 1억 1,000만 달러의 계약(총 상담액 약 4억 500만 달러)을 체결했다.

무역협회의 11개 국내지부도 해외 마케팅 기회가 절대적으로 부족한 지방 중소 무역업체들의 해외 전시회 참가를 지원하고 있다. 해외 전시회 참가 지원활동에는 지원 자금 확보 및 배정, 전시회 부스 신청, 모집 홍보 및 참가업체 선정, 설명회 개최, 여행사/장치사/운송사 선정 지원, 현지 전시회활동 지원 등 제반 과정과 활동이 포함된다.

| 사례 | **지성至誠이면 사스SARS도 돕는다**

2003년 4월, 스위스 바젤에서 세계보석시계전시회가 열렸다. 한국에서도 무역협회의 지원을 받은 12개 업체가 참가하였다. 바젤전시회는 전시규모가 컸다. 한 곳에서 수용하기가 어려워지자 전시는 바젤과 취리히 두 곳으로 나뉘어 분산 개최되었다. 바젤전시장은

유럽 업체들에게 배정되었고, 그곳에서 1시간쯤 떨어져 있는 취리히전시장은 아시아 업체들에게 돌아갔다.

한국관 참가업체들이 취리히전시장에 도착하여 부스 전시를 준비하였다. 그때 그 일이 터졌다. 스위스 연방정부와 전시회 주최 측은 홍콩, 중국, 싱가포르, 베트남 4개국 기업인들의 전시장 출입을 금지한다고 발표한 것이다. 당시 아시아 일부 지역에서 급속하게 확산되고 있던 사스(급성호흡기증후군)의 확산을 우려하여 취해진 예방조치였다. 취리히전시장의 60% 이상을 차지하던 이들 국가가 전시장에서 철수하게 되자 전시장은 텅 비어 버렸다. 시작하기도 전에 파장이 된 셈이다.

다행히 한국은 전시장 출입금지 대상에서는 제외되었다. 그러나 주전시장인 바젤에서 버스로 1시간 거리에 위치해 있는 텅 빈 취리히전시장으로 찾아올 바이어들은 많지 않아 보였다. 더욱이 스위스 현지에서는 사스가 'Asian Disease'라고 잘못 알려져 있었다. 모든 아시아인들이 직접 접촉 기피 대상자처럼 인식되는 분위기였다. 많은 시간과 비용을 들여 전시회에 참가한 한국 기업들은 당황했다. 어떻게든 바젤의 바이어들을 취리히로 불러들여야 했다. 그러나 속수무책이었다. 그때 작은 잔다르크가 나타났다. 한국 업체들을 지원하기 위해 파견된 무역협회 박지영 과장은 할 수 있는 최선을 다하기로 마음먹었다. 그녀는 그날 바로 한국관 홍보전단을 제작했다. 그리고 전시회가 열리는 8일 내내 발이 닳도록 바젤전시장을 돌며 홍보전단을 배포하였다. 그녀는 바이어들에게 취리히전시장의 한국관을 찾아 달라고 설득했다. 기적은 늘 그렇게 해서 생겨나는 것이다. 유럽 바이어들은 하나둘씩 취리히전시장에 모습을 나타냈다. 전시장의 50%를 차지했던 홍콩 업체의 철수로 인해 주문이 급해진 바이어들과 계약을 맺게 되는 성과를 올렸다. 사스는 결과적으로 막강한 경쟁업체들을 탈락시키고 한국 업체를 도와준 셈이 되었다. 또 한 번 위기는 기회임을 증명했고, 사람의 극진한 노력과 용기가 그 극적 반전의 에너지임을 보여 주었다. 이것이 태도와 자세의 힘이다.

당시 바젤전시회에 참가했던 코아주얼리의 백승철 상무는 "이 사건을 계기로 무역협회 직원들을 바라보는 시각이 180도 달라졌다. 참가업체들이 발만 동동 구르며 어쩔 줄 모를 때, 협회의 젊은 여직원이 발이 닳도록 뛰어다니는 모습을 보고 감동받았다"고 칭찬을 아끼지 않았다. 당시 한국관 참가업체들은 사스의 추억을 오래도록 잊지 못할 것이다.

배움과 가르침도 세계 속으로 : 무역아카데미의 국제화

무역아카데미는 아직 초기단계이긴 하지만, 해외 유수의 전자상거래 과정을 도입해 국제적인 서비스를 제공함과 동시에 개도국 공무원 및 학생에게 노하우를 전수해 주고 있다.

아직 규모 면에서 초기단계이긴 하지만 무역아카데미의 국제화는 의도한 대로 매우 좋은 출발을 해 가는 것으로 생각된다. 미국에서 무역협회의 지원으로 카네기멜론대학의 과정을 이수한 윤종호 씨는 실리콘 밸리의 오라클에서 근무하게 되었다. 그는 무역협회로 보낸 이메일에서 "좋은 장학사업을 마련해 주고 후원해 주셔서 이렇게 좋은 회사에서 근무하게 되었다"며 "한국인으로서 부끄럽지 않도록 최선을 다해 생활하겠다"는 뜻을 전했다. 또 박창민 씨 역시 무역협회의 지인들에게 보내는 감사의 편지 속에서 "지난 1년간 좋은 조건 속에서 공부할 수 있는 기회가 주어졌기에 LA 근처의 미국 기업에서 Web Product 관리자로 일할 수 있게 되었다"고 고마움을 전해 왔다.

그런가 하면 2005년 제3차 개도국 공무원 연수단 일원으로 방한한 알렉산더 게오르지비치 박Mr. Alexander Georgievich Pak 러시아 경제개발부 상담역은 할아버지의 나라인 한국에 와서 발전상을 보고 큰 감명을 받았다며, "앞으로 러시아 기업과 한국 기업 간의 가교 역할을 하고 싶으니 언제든지 자기를 활용해 달라"고 부탁했다. 특히 그는 "이 연수 프로그램으로 한국에 다녀 온 러시아 정부관리들은 세계 각국의 역대 연수 프로그램 참가자들끼리 네트워크를 형성해서 국가 간 업무협력에 많은 도움을 주고받고 있다"고 말했다. 한국의 연수 프로그램 덕분에 글로벌 국가공무원 네트워크가 만들어지고 있다고 고마워 했다.

또한 베트남 소재 호치민국립인문사회과학대학에서 실시된 2005 개도국 대학생특별연수에서 이 대학 동양학부 흐엉 반 비엣Hoang Van Viet 학장은 "연수 프로그램 내용이 한국을 이해하는 데 대단히 유익하고, 대내외적으로 한국어과의 위상을 높임으로써 우수학생 유치에 큰 도움이 되고 있다"고 말했다. 아울러 "학교 내에서 한국어과 학생들이 타과(영어과, 일본어과, 중국어과 등)에 비해 한국과 관련된 활동을 많이 개최함으로써 다른 학생들에게 부러움의 대상이 되고 있으며, 이에 큰 자부심을 갖고 있다"고 감사함을 잊지 않았다.

반덤핑, 협회가 도와드리겠습니다 – 수입규제 대응지원

무역협회의 국제사업본부 내의 통상협력팀은 '수입규제 대응사업'을 담당하고 있다. 이 사업은 국내 수출업체가 해외 시장에서 덤핑 혐의로 피소를 당했을 때, 해당업체를 대상으로 '반덤핑제도'에 대한 밀착자문, 대응상담, 변호사 알선, 자금지원 등의 지원활동을 제공하는 것이다.

해외 시장에서 수출업체의 반덤핑 대응은 고도의 전문성과 경험이 필요한 분야이다. 대기업을 제외한 상당수의 국내 중소 수출업체는 대응 경험이 부족하여 덤핑조사를 당할 경우 적지 않은 어려움을 겪는 것이 보통이다. 많은 인력과 시간, 비용이 수반되며, 매우 힘겨운 법적 싸움을 상대국 제소자와 벌여야 한다. 경우에 따라서는 이러한 노력이 수포로 돌아가는 예도 빈번하다. 무역협회는 오랫동안 반덤핑 업무를 전담하여 많은 경험과 노하우, 그리고 전문인력을 보유하고 있다. 수출업체가 피소되면 해당업체의 실무부서와 긴밀히 협력하여 효과적으로 대응할 수 있도록 지원하는 것이 무역협회의 역할이다.

실제로 무역협회의 지원을 통해 상당수의 수출업체가 수입규제에 효율적으로 대응하여 덤핑 무혐의 또는 덤핑 저마진 유도의 성과를 낼 수 있었다. 특히, 중소기업의 경우 제소에 대해 대응 자체를 포기하면 수출에 큰 애로를 겪게 될 상황에 처하게 되므로, 무역협회의 지원은 매우 유용한 것이 아닐 수 없다.

구체적인 사례 하나를 들어 보자. 1999년에 합성단섬유PSF ; Polyester Staple Fiber를 생산하는 경북 구미의 (주)성림에게 EU에서 반덤핑 제소가 들어왔다. 당시 매출액 240억 원의 (주)성림으로서는 변호사 선임 등의 인적, 물적 대응에 한계가 있었다. 피소 당시 (주)성림이 답변자 명단에 포함되어 있지 않아 답변의 의무가 없었다. 무역협회는 적극 대응이 유리할 것으로 판단하여 EU에 답변서를 별도 요청하였다. 정식으로 조사가 개시되기 전에 무역협회는 현지 변호사나 국내 회계법인들로부터 제소 움직임에 대해 다양한 정보를 수집하고, 동종 피소업체와 공동으로 변호사 선임을 추진해 2,500만 원의 수임료도 지원하였다.

선임된 국내 회계법인과 긴밀히 협의하여 사전에 모든 자료를 가지고 시뮬레이션을 한 후, 최소오차 범위 내에서 정확한 마진율 분석과 문제점 등을 사전에 숙지하여 답변서를 제출하였다. 2000년 2월에는 EU 소속의 담당자 2인으로 구성된 실사팀과 (주)성림의 현지 변호사, 국내 회계법인 회계사, 무역협회에서 지원한 통역사 등으로 구성된 실사준비팀이 (주)성림에서 일주일간의 실사 과정을 거쳤다. 2000년 12월 28일 마침에 EU 관보를 통해 대응업체에 대한 최종 덤핑 마진율을 고시함으로써 최종판결 및 조사가 종료되었다. 이로 인해 최종 덤핑 마진율에서 무혐의로 판정되어 해당 시장에 대한 가격경쟁력이 국내는 물론 해외 경쟁업체보다 유리하게 되었다. 전화위복이 된 셈이다. 이 덕으로 수출 물량이 6~7배 급증할 수 있었다.

1998년부터 2005년 9월 현재까지 총 74건의 케이스를 분석한 결과, 무역협회 통상협력팀의 지원을 받은 케이스의 51.9%가 상당한

1998~2005년 총 74건 대응 사례 성과 분석

구분	성과 미흡	약간 성과	대응 중	크게 성과	완전 성공	계
건수	14	15	10	13	22	74
비율(%)	18.9	20.3	13.5	17.6	29.7	100

주 1. 완전 성공 : 대응을 통해 미소微少마진(2% 미만) 또는 무혐의 종결
　2. 크게 성과 : 대응을 통해 마진율을 감소, 반덤핑 관세 부감 경감
　3. 약간 성과 : 직접적인 성과는 적었으나 익년도 마진 축소, 조치폐지 등에 기여
　4. 성과 미흡 : 성과가 거의 없었음

대응성과를 거둔 것으로 나타났다. 2% 미만으로 반덤핑 관세를 부과하지 않는 덤핑 미소마진 또는 무혐의로 종결된 것이 29.7%, 마진율을 감소시키는 등 성과를 거둔 사례가 17.6%이다.

맞춤형 글로벌 인재를 추천합니다 : 해외취업사이트 운영

무역협회는 해외 진출 무역업체의 현지 마케팅을 현장 지원하고자 뉴욕, 도쿄, 브뤼셀 등 6개의 해외지부를 설치, 운영하고 있으며, 이들 해외지부는 각각 현지 진출 무역업체들로 구성된 '현지진출한국기업협의회'를 운영하고 있다.

최근 한국 기업의 해외 진출이 증가하면서 현지 기업들은 현지 사정에도 밝고 한국적 정서와 관행도 이해할 수 있는 '맞춤형 글로벌 인재' 충원의 어려움을 호소해 왔다. 협회는 '무역아카데미 무역인재 연결사업' 및 '키타넷을 통한 취업사이트' 운영 경험과 노하우를 활용하여 '해외취업사이트'를 운영하기로 하였다.

우선 한국 진출 기업의 인재수요가 많은 일본(2000. 6)과 중국 지

역(2004. 9)을 시작으로 추진된 '해외취업사이트'는 현지 유학생을 대상으로 Job Fair를 개최하고, 대사관과의 공동사업 추진 등으로 지속적으로 인지도認知度를 높여 가고 있다. 이 사이트를 통한 취업 성사율이 높아지면서 이용하는 구직자들도 유학생, 조선족, 미국 시민권자 등 현지 거주 한국인에서 한족漢族(중국 사이트 이용자의 68%), 일본인(17%) 등 현지인現地人들로 확대되고 있다. 명실상부한 글로벌 취업사이트로서의 면모를 갖추어 가기 시작한 것이다.

이 사이트는 2005년 11월 현재 1,871개 사, 2만 7,703명이 이용하였으며, 구직자의 9.1%에 해당하는 2,518명이 베이징 현대자동차, 일본 삼성, 금호 천진 등 해외 현지 한국 기업에 취업한 바 있다. 특히 중국지부의 경우 1,670명이 이 사이트를 통해 취업함으로써, 중국 진출 한국 기업의 주요 인재충원 채널로서 위상을 확고히 하고 있다는 평가를 받고 있다.

향후 해당 국가별 환경과 특성을 감안하여 현지 정부와 공동으로 Job Fair를 개최하고, 현지 공관과의 연계활동 강화 등 지역별 운영 방안을 보완하여 해외 진출 회원사에 '글로벌 맞춤형 인재'를 적시에 공급하는 서비스를 더욱 강화할 계획을 갖고 있다.

2. 한국의 이미지와 문화를 담아 팔아라

아시아의 시대는 시작되었다. 이것은 거대한 물결이다. 경제적으로 중국은 이미 세계의 시장과 공장이 되어 세계 무대의 중심으로 진출하고 있다. 일본은 여전히 세계 제2의 경제대국이다. 동북아 경제의 역동성은 앞으로도 상당 기간 지속될 것으로 예상된다. 전문가들은 2010년 동북아가 세계 경제에서 차지하는 비중이 27%로 늘어나게 되고, 세계 교역에서 차지하는 비중은 30%대까지 높아질 것으로 예상하고 있다. 이러한 전망은 동북아가 곧 세계 경제의 성장엔진이 될 것이라는 것을 의미하는 것이다.

한국은 양적으로 세계 11위의 경제규모를 가지고 있다. 그러나 한국 경제의 치명적인 약점은 그 규모에 있다기보다는 한국이라는 특별한 국가 브랜드를 만들어 내지 못했다는 점에 있다. 한국은 올림픽과 월드컵 같은 국제 경기를 유치하고, 지명도 높은 다수의 세계적 기업들을 가지고 있으면서도 국가를 대표하는 이미지 브랜드를 가지고 있지 못하기 때문에 인지도 면에서 취약성을 가지고 있다. 한국 기업의 고민은 등에 업어야 할 조국의 찬란한 후광이 없다는 것이다. 미국의 아메리칸 드림, 일본의 정교함, 독일의 장인정신, 프랑스의 예술성, 이탈리아의 감각, 핀란드의 통신 리더, 싱가포르의 글로벌시티 등에 상응하는 국가적 이미지를 활용할 수 없다는 치명적 결핍을 안고 있는 것이다.

모방과 추격으로 차지할 수 있는 것은 늘 추종자의 자리다. 추종자에게 더 이상 기회는 없다. 이것이 추격을 통해 성공해 온 한국의 현실적 고민이다. 우리는 차별화의 원천을 찾아야 한다. 우리를 세계의 다른 나라들과 다르게 만들어 줄 수 있는 것, 그것은 바로 우리들 자신이다. 한국인들의 문화적 DNA인 코리아니티 Coreanity 는 바로 차별성을 위한 우리의 내면적 유산인 것이다. 이것은 우리의 표준을 일반화시킴으로써 대중적 표준, 세계적 표준으로 발전시키는 것을 의미한다. 이것이 바로 우리의 블루오션인 것이다.

무역협회는 그동안 물리적 재화를 수출하고 수입하는 일을 지원해 왔다. 그러나 앞으로 보이지 않는 무형의 재화를 수출하고 수입하는 일에 관심을 가지고 지원해야 한다는 것을 깨닫게 되었다. 예를 들어 한류는 엄청난 문화적 영향을 준다. 실제로 드라마 몇 편, 영화 몇 편을 얼마에 팔았는가 하는 문제도 중요하지만, 이것이 한국의 국가 이미지와 다른 모든 한국제품의 이미지에 미치는 영향은 돈으로 환산될 수 없을 만큼 크다는 것이다. 무역협회는 서비스, 문화, 시스템 등 비물질적 지식재화의 교역에 관심을 가지고 관련사업을 확대해 나가기 시작했다.

복합무역으로 승부하라

선진국의 경우 서비스부문이 국민경제에서 차지하는 비중이 이미 80% 내외에 육박하고 있다. 20세기 경제가 제조업 중심의 산업화 시대였다면, 21세기는 지식 자본주의가 지배하는 서비스 중심의 시대이므로 상품뿐 아니라 서비스 무역도 동시에 발전시켜 나가지 않으면 지속적인 경제 성장을 이룰 수 없다.

무역협회는 이 대목에 한국 수출의 미래가 있다고 믿었다. 복합무역이란 과거의 무역 패러다임으로는 과거와 같은 고성장을 이루지 못할 것이라는 위기의식이 만들어 낸 미래 수출에 대한 전략적

대안이었다. 그것은 첨단기술의 개발, 제품의 차별화, 국가 이미지
의 제고 등을 통해 전통 제조업의 가치를 높임과 동시에 물류, 관광,
금융, 문화 등 서비스 산업을 전략적으로 육성함으로써 상품 및 서
비스 수출을 병행해서 발전시키는 것을 의미한다. 특히 우리나라가
가진 지리경제학적 강점을 활용하여 동북아의 물류 중심지, 비즈니
스 중심지로서의 위치를 선점함으로써, 장기적으로 상품 수출의 한
계를 극복하고 리더십을 잡을 수 있는 유리한 위치를 미리 확보하
자는 것이다.

| 참고 | '복합무역'의 탄생

'지식기반사회'는 피터 드러커가 만든 개념이다. 경제나 무역과 관
련된 용어의 대부분은 저명한 대학 교수나 학자, 세계적인 컨설팅
그룹 등이 고안해 내는 경우가 대부분이지만, '복합무역'이란 용어
와 개념은 무역협회가 신무역전략을 수립하는 과정에서 만들어 낸
신조어다.

1999년 무역협회 회장으로 취임한 직후, 김재철 회장은 21세기의
급변하는 무역환경 속에서 우리 수출이 지속적으로 성장하기 위해
서는 무엇을 어떻게 해야 할지 전략적인 대응방안을 모색하라고 요
구하였다. 이를 계기로 무역협회의 복합무역전략이 태동하기 시작
하였다. 당시 무역조사부의 몇몇 중견직원이 중심이 되어 구성된
전담 TFT에서는 세계 무역환경의 변화와 우리 수출의 구조적인 전
망, 경쟁국의 수출 패러다임 변화의 동향 등 무역과 관련한 변수를
종합적으로 검토하였다. 그리고 우리 수출이 중장기적으로 안정적
으로 성장하기 위해서는 발상의 대전환을 통한 새로운 무역 패러다

임의 도입이 필요하다는 결론에 도달하였다. 그리고 새로운 무역발전 대안으로 복합무역전략을 도출하였으며, 이는 몇 년간의 심도 있는 협의과정을 거쳐 무역협회의 중점 추진사업으로 채택되었다. 복합무역은 무역협회 이전에 학계나 정부에서 언급된 적이 없는 새로운 개념의 경제용어이자 전략으로, 외부에는 아직 생소하다. 때로는 학문적 개념이 무엇인지를 묻는 질문도 가끔 있었다. 그러나 최근에는 '복합무역'이라는 용어의 사용이 일반인의 언론기고문, 연설문에도 종종 등장하는 개념으로 자리잡아 가는 추세이다.

한류 확산을 활용한 문화 및 코리아 브랜드 홍보

영화와 드라마가 한류 열풍을 타고 동남아를 비롯하여 세계 각지에서 좋은 반응과 긍정적인 국가 이미지를 만들어 내고 있지만, 그것이 지니는 상업적 가치만으로는 새로운 예술적 시도와 실험이 행해지기 어렵다. 예술은 예술로서 가지는 순수한 가치와 감동이 있다. 예술성이 결여된 흥미와 말초적 자극만이 한국 영화와 드라마의 한계가 되는 순간, 상업성 역시 급격히 조락하고 말 것이다. 그럼에도 불구하고 그동안 영화계는 상업성이 낮아 대부분의 상영관에서 외면당하는 예술영화나 독립영화를 시도해 보기 어려웠다. 무역협회는 코엑스몰 내 영화상영관 중 하나를 '365'일 예술영화전용관으로 지정하고 메가박스에 그 운영을 위탁할 계획이다.

그런가 하면 무역센터 내 밀레니엄 광장에 550석 규모의 난타전용극장을 신설하여 무역센터를 방문하는 외국 바이어들에게 차별화된 박자와 리듬으로 언어를 뛰어넘는 새로운 한국 음악 홍보를 계획하고 있다.

이러한 노력은 한국 내에서만 진행되는 것은 아니다. 무역협회는 워싱턴 현지의 핵심 비즈니스 지역에 Business & Culture Center 부지와 건물을 구입하였다. IT와 문화 관련 한국 업체들을 유치하고 건물 내에 한국문화관을 운영하여 한국의 문화를 홍보하고 대미 수출의 전진기지로 활용하기 위함이다. 한국문화관에서는 난타공연이나 풍물놀이가 이루어진다. 한국문화 영상물과 홍보물이 상영되기도 하고, 외국 바이어들과의 비즈니스 미팅이 이루어지기도 한다. 또한 한국 이미지 홍보관을 설치하여 2002년 월드컵, 한국 경제의 발전상, 산업현장의 역동성, 한국의 첨단제품 등을 소개함으로써 대미 수출을 측면지원한다. 건물의 옥외에는 한국을 홍보하는 대형 전광판을 설치할 계획이다.

또한 무역협회는 정부 관련부처의 협조와 지원을 얻어 매년 1~2개의 전략적 국가를 선정하여 주요 도시에서 한국의 국가 이미지를 제고하기 위한 로드쇼를 개최하고 있다. 이 행사에는 한국의 일류 상품전, 한국문화 상품전, 영화 상영, 한국문화 공연, 한류스타 사인회 등이 펼쳐진다.

관광과 의료상품도 고부가 수출품목이다. 적극적으로 팔아라

복합무역 확산을 위한 전략적 사업의 일환으로 연구를 진행중인 관광과 의료사업은 부가가치가 높은 굴뚝 없는 공장이다. 남부 지중해 연안에 랑독 루시옹 지역은 한때 프랑스의 사막이라고 불렸지만 지금은 연간 1,300만 명의 관광객들이 모여드는 세계적 황금 해안으로 개발되었다. 겨우 7개의 섬에 불과한 랑독 루시옹에 비하면, 한국 남해안 다도해의 풍광은 신의 선물이다. 동남아 최고의 관광지 중의 하나인 베트남 하롱베이와 같은 묘한 경치가 수백 킬로미터에 걸쳐 파노라마로 펼쳐져 있는 듯한 다도해를 상상해 보라. 목포에서 부산까지 펼쳐지는 해안선 중 특히 관광 여건이 좋은 지역을 선정하여 해양 체험과 레크리에이션시설을 갖춘 세계적 해양관광도시Marine Polis를 육성하고 해양관광벨트를 만들어 낼 수 있다면, 관광 산업은 더 이상 적자의 산업이 아니라 상품 수출 수백억 달러를 증가시키는 효과가 있을 것이다.

무역협회는 관광자원으로 가능성이 큰 남해안 관광개발의 중요성과 전략성을 연구하고 홍보하는 데 주력하고 있다. 관련정부부처·학계와 세미나를 개최하고, 언론기관에 특집 프로그램을 제작하여 제공하고 있다. 개발의 핵심 주체인 경남과 전남의 지자체들에게 복합무역의 중요성을 알리고 아이디어를 교환하는 한편 공동추진사업을 구상하고 있다.

한편 최근 관광과 함께 한국의 저렴하고 고품질의 의료와 미용 서비스를 받기 위해 한국을 찾는 외국인들이 많아졌다. 특히 일본인 관광객을 중심으로 성형, 피부미용, 치과, 한방 등의 수요가 늘어나고 있다. 무역협회는 이 점에도 주목하고 있다. 주로 서울 인근에 경쟁력 있는 의료 서비스를 결집시켜 클러스터화하고 관광과 연계시키는 타당성을 연구하고 있다. 현재 의료관광 실태를 조사하고 국내 의료관광 성공사례집을 만들고 있는 중이다.

글로벌 전략가, 해신海神 장보고 : 한국 최초의 종합무역상사

2005년 6월 8일에 무역협회에서는 장보고기념사업회, 삼성경제연구소와 공동으로 「해신, 글로벌 전략가 장보고」 심포지엄을 개최했다. 장보고를 역사적으로 재조명하고 그의 국제무역 성공전략을 종합적으로 토론하는 자리였다.

이날 심포지엄에서 첫번째 발표자로 나선 야마사키 마사토시 일본 국학원대학 교수는 해외네트워크를 활용한 글로벌 전략가로서의 장보고에 주목하면서 다음과 같이 밝혔다.

"역사적으로 장보고의 등장은 고대에서 중세에 이르는 아시아 무역사, 세계관계사 면에서 매우 흥미로우며, 향후 동북아의 발전에 중요한 의미가 있다. 당시 신라인들은 국경을 넘어 각 지역에 포진하면서, 무역을 위해 동료관계를 유지하며 정보를 교환하는 등 네트워크를 통해 국제무역을 전개하는 이른바 '교역 디아스포라(교역 이산공동체)'를 구축했다."

김호성 서울교육대 총장은 "장보고는 새로운 가능성에 끊임없이 도전하는 혁신 마인드, 민군산民軍産 복합체로 토탈 솔루션을 제공하는 복합서비스모델, 해외동포를 조직화해 네트워크로 활용할 수 있는 안목과 식견, 무형자산의 창조적 활용 등 국가발전 전략가로서의 안목은 우리나라를 동아시아 중심, 세계 허브hub 국가로 발전시키는 데 시사하는 바가 크다"고 밝혔다.

이승영 동국대 교수는 "정부의 글로벌 비전 부재와 단견적 시각, 지나친 제도장벽 등의 면에서 장보고가 활동하던 1,000여 년 전과 지금은 다를 바 없다"고 전제하고, "정부는 현재 많은 장보고를 실패자로 만들고 있지 않는가, 장보고의 실패를 지금도 반복하고 있지 않는가"라고 반문했다.

현재 무역협회 앞 광장에는 장보고 기념 조형물이 설치되어 있다.

집필메모 8

새로운 경쟁 방식은 과거의 전통적인 경쟁 방식과는 다르다. 과거에는 비교우위가 천연자원과 생산 시설의 보유 정도에 따라 결정되었다. 땅이 넓은 나라는 농업이나 목축을 했고, 석유가 매장된 나라는 석유 산업을 일으켰다. 자본이 풍부한 나라는 자본 집중적인 산업을 육성했다. 각 나라는 자신의 고유한 영역을 가짐으로써 자신의 자리를 지킬 수 있었다.

그러나 오늘날의 산업은 결국 지식 산업으로 모두 개편되고 말았다. 지식 산업의 특징은 지리적 고향이 없다는 점이다. 예를 들어 컴퓨터 소프트웨어는 미국에서 만들어지기도 하지만, 인도의 방갈로에서 생산될 수도 있다. 실제로 방갈로는 세계 소프트웨어의 중심지가 되었다. 저개발 국가가 첨단 기술 분야에서 선진국들을 제치고 리더십을 쥐게 된 것이다. 과거에는 있을 수 없던 일이다. 이런 현상에서 우리가 분명하게 알게 된 결정적 사실은 지식 산업은 지리적, 천연적 자원의 함수가 아니라 지적, 정신적, 문화적 자원의 함수라는 사실이다. 물리적 세계에서는 나라의 크기가 중요하다. 그러나 지식사회에서는 그 정신적, 지적 크기가 중요하다. 이것이 한국에게는 커다란 기회이며 도약의 발판이다.

1. 지리적 한국에 갇히지 마라. 글로벌리제이션 시대에 국경은 지도상에 표시된 선에 불과하다. 사고의 지평선을 넓혀라. 세계는 넓고 우리가 배워야 할 것은 많다. 세계적 보편성의 한국화에 더욱 노력해야 한다.

2. 글로벌 네트워크를 창조하라. 전 세계의 한인 네트워크를 연결하여 한국이 세계로 확산되게 하라. 세계의 전 지역에 한국을 알고 한국을 좋아하는 오피니언 리더와 비즈니스 리더들에 대한 네트워크를 만들고, 지속적 관계를 통해 네트워크를

강화하라. 한국이 이 네트워크들을 따라 사람을 통해 세계로 확산되게 하라. 전 세계를 잇는 핏줄이 만들어지고, 그 핏줄을 따라 한국의 힘이 전파되는 역동적 이미지를 상상하라.

3. 한국의 기술적 우위를 활용하여 리더십을 장악하라. 반도체, IT, 무선통신, 조선, 자동차, 바이오, 철강, 드라마 등 한국이 강점을 가진 분야에서 만들어 놓은 기술적 우위를 활용하여 새로운 패러다임의 비즈니스모델을 만들어 낼 수 있다면 코리아 프리미엄을 얻어 낼 수 있다. 예를 들어 무역협회가 사이버 무역에 대한 투자를 아끼지 않고 앞선 인터넷 기술과 IT환경을 미래 무역에 접목한 것은 훌륭한 접목 사례다.

4. 코리아니티Coreanity, 즉 한국적 특수성을 차별성의 원천으로 활용하라. '세계적 보편성의 한국화'와 병행하여 중요한 또 하나의 세계화 엔진은 '한국적 차별성의 보편화'라고 할 수 있다. 그동안 우리는 이 점을 간과해 왔다. 그러나 이 점은 절대로 잊어서는 안 되는 결정적 경쟁력이다. 한국의 문화와 인물과 사상과 개념, 즉 총체적인 한국의 매력, 다시 말해 코리아니티를 '지구를 유혹하는 소프트 파워'로 활용하지 않으면 안 된다. 최근의 한류 열풍은 이런 가능성을 증명해 준 좋은 사례다.

5. 이제 상품을 수출하는 것이 주를 이루어서는 안 된다. 한국의 문화와 한국인의 차별성을 수출해야 하기 때문이다. 무역협회가 복합무역의 개념을 도입하여, 바이오 산업, IT, 의료와 관광 산업 등을 새로운 수출의 원천으로 포지셔닝하고, 기존의 상품 수출에 한국의 첨단 기술력과 국가적 이미지의 후광을 실어 부가가치를 더하는 무역 패러다임의 전환을 꾀한 것은 훌륭한 미래전략이라 할 수 있다.

한국의 무역협회는 세계에 그 유래가 없는 규모를 자랑한다. 그것
은 한국 무역 성장의 역사이며 상징이다. 한 사회가 그 성장의 모습
을 대변할 수 있는 상징적 기념비를 자신 안에 가지고 있다는 것은
의미 있는 일이다. 무역협회의 경영혁신 사례를 정리해 가면서 비
영리조직의 혁신에 대한 몇 가지 소중한 가치를 확인할 수 있었다.
이것은 훌륭한 수확이었다. 어떤 비영리조직이든지 그것이 위대한
공익의 기능과 역할을 수행하는 '계속 성장하는 조직'이 되려면 다
음과 같은 원칙이 살아 현장에서 작동해야 한다. 이것은 한 조직이
하드웨어적 제도와 시스템으로만 존재하는 것이 아니라, 그 조직이
존중하는 가치가 구성원들의 정신적 일부분이 되어 주어진 일상의
과업을 통해 현장에서 실천되고 지켜져야 한다는 뜻이다.

모든 공익은 반드시 경영되어야 한다

방만은 공익에 대한 배신이다. 기대되는 공적 서비스의 질을 퇴행

시키며, 국민에게 경영부실의 부담을 떠넘기기 때문이다. 공익경영은 서비스다. 그러나 수익경영 없이는 공익조직도 살아남을 수 없다. 수익이 결국 더 많은 공익을 창출해 내는 모델을 창조해야 한다. 이것이 비영리조직에도 경영이 절대적으로 필요한 이유다. 경영하라. 경영된 공익이 더 많은 국익과 사회적 가치를 창출한다.

오직 고객을 위해 존재하라

국민이 없는 정부는 없으며, 회원이 없는 협회도 없다. 고객이 없는 공익은 없다. 구체적 고객이 없는 공익은 누구도 도울 수 없는 허구다. 존재 자체로 의미가 있는 것이 아니라, 존재를 통해 공익에 공헌할 때 비로소 제 역할을 하는 것이다. 공익조직의 일상 속에 고객이 만져져야 한다. 일상의 모든 업무 속에 고객 한 사람 한 사람의 얼굴과 마주쳐야 하는 것이다. 그러므로 구체적인 고객 하나를 조직의 존재 목적으로 인식하는 정신적 자세가 중요하다. 특히 공익경영은 현실적 이해가 아니라 사회적 가치를 구현하기 위한 참여자들의 헌신이 중요하다. 이것을 지킬 수 없다면 조직의 존재 이유가 사라지기 때문이다.

고객이 누구인지 정의하라. 고객이 무엇을 요구하는지 명확하게 인식하라. 고객의 기대를 만족시켜라. 그리고 동시에 고객의 기대를 관리하라. 그리고 타인을 위한 훌륭한 서비스가 곧 자신의 자부심을 지키게 하는 특별한 공익 분야에서 일하고 있음을 즐겨라.

적정 체중을 유지하고 신진대사를 촉진하라

비만을 묵인하지 마라. 비만은 오래된 조직의 고질병이다. 기능이 중복되므로 누구도 책임지지 않으며, 층층시하 관료적으로 모든 의사결정은 지체된다. 창의적 모색은 과거의 관례와 낡은 패러다임에 막혀 의욕을 잃고 만성적 무기력증이 조직을 지배하게 된다. 비전도 없고 사명도 없고 열정도 없다. 오직 지루한 반복과 품삯이 있을 뿐이다.

그러므로 작은 책임조직으로 분화하라. 책임을 주고 또한 상응하는 권리와 힘을 실어 줘라. 직책과 직위를 덜어 내고 수직적 사다리를 걷어치워 버려라. 수평적 조직을 만들어 냄으로써 조직을 민주화하라. 새로운 IT테크놀로지를 활용하여 의사결정의 신속성을 가속화하라. 새로운 인력을 충원할 여력을 비축하라. 기존 직원들이 원하는 부서에서 자신의 역량을 최대한 발휘할 수 있도록 인사제도를 혁신하라.

그러나 이 과정에서 두 가지를 경계하라. 비만한 몸을 줄이기 위해 궁여지책으로 시도하는 비전문 분야로의 다각화를 철저히 경계하라. 이것은 비만에 기초한 편의주의로, 결국 비전문성으로 인한 치명적 경쟁력 약화로 조직 전체를 파국으로 몰고 가기 십상이다. 우리는 수없이 많은 파국의 사례를 가지고 있다. 그러나 지나친 감량으로 인한 조직 전체의 사기저하와 공동체 의식의 약화는 필사적으로 막아야 한다. 두려워하는 사람을 모아 위대한 업적을 만들어 낼 수는 없는 것이다.

경영자는 이 명암 속에서 고독한 고뇌를 해야 한다. 갈등을 껴안아야 하고, 마찰을 통해 더 좋은 해답에 도달해야 한다. 개인적으로 자신의 가치와 철학을 끝까지 지켜 나갈 수 있어야 한다. 어떤 제도적 장치도 그 자체로 완벽할 수 없다. 밝음과 어두움이 혼재하는 것이 현실이다. 이 속에서 제3의 상생의 길을 찾아야 하는 것, 그것이 경영자의 운명이다.

학습조직을 만들어라

한국은 사람밖에 없는 나라다. 사람이 곧 블루오션이다. 인재 전쟁의 시대에 가장 중요한 것은 전문성과 열정이다. 사람에게 투자하고 사람을 키워라. 매주, 매일 배움을 강화하라. 새로운 정보에 노출되도록 기회를 제공하라. 한국 최고의 강사진을 동원하여 끊임없이 새로운 지식의 동향을 이해하게 하라. 책을 읽게 하고, 늘 새로운 지식이 흘러들게 하라. 숫자의 의미를 알게 하고, 숫자가 명확한 경영언어이게 하라. 배움에 대한 끊임없는 강박감을 가지게 하라. 전문성을 확보할 수 있도록 아낌없이 투자하고, 전문가가 역량을 발휘할 수 있도록 적합한 현장을 제공하라. 현장처럼 훌륭한 배움의 장은 없다. 조직이 필요로 하는 것은 행정 요원이 아니다. 현장에서 배운 힘 있는 전문가를 양성하라.

한국적 차별성을 활용하여 글로벌화하라

차별성이 없는 상품은 2류에 지나지 않는다. 2류는 세계 시장에서 제값을 받을 수 없다. 늘 세계 시장에서 디스카운트discount를 받을 수밖에 없다. 선진국들은 상품과 서비스 속에 자신들의 문화적 프리미엄을 넣음으로써 경쟁력 확보에 주력한다. 미국의 아메리칸 드림, 독일의 견고함, 일본의 작고 정교함, 프랑스의 예술성과 귀족성은 모두 상품과 서비스를 구매하는 사람들에게 차별적 매력을 제공한다. 고객들은 구매가치 이상의 문화적 만족감을 동시에 향유한다. 한국은 그동안 세계 시장에서 이런 차별적 프리미엄을 얻어 내지 못했다. 그동안 세계의 선진국이 되기 위해 꾸준한 행보를 걸어 왔던 한국이 실제보다 격하되어 코리아 디스카운트의 수모를 겪었던 이유도, 한국만의 강점과 차별성에 바탕을 둔 경영과 홍보가 제대로 이루어지지 못했기 때문이다.

세계를 시장으로 삼지 않으면 기회도 미래도 없다. 이것이 세계화의 메시지다. 세계적 수준을 확보하고, 한국이 훌륭한 비즈니스 파트너임을 설득하라. 코리아 디스카운트가 아니라 코리아 프리미엄이 생길 수 있도록 자신의 영역에서 신뢰받는 차별적 협력자가 되라. 올림픽과 월드컵 같은 세계적 행사와 한류와 같은 한국의 문화적 뉴웨이브를 활용하고, IT, 통신, 조선, 컴퓨터, 철강, 반도체 산업 등 세계적 경쟁력 레버리지를 홍보하여 국가의 브랜드 이미지를 창조해 그 후광을 등에 업도록 하라.

관련분야에서 글로벌 네트워크를 형성하고, 언제나 긍정적으로 작동할 수 있는 인적자원으로 활용하라. 지극히 한국적인 관계지향적 특성을 십분 발휘하여 국제적 평생 협력관계를 유지하라. 국제사회에서 환영받는 전문 인력을 양성하고 배출하라. 그들이 세계 각지에서 훌륭한 인재로 인정받아 스스로를 홍보하게 하라.

한국인들이야말로 그 문화적 구체성의 상징이며, 살아 있는 문화 자체이다. 한국인의 가치관과 기질, 그리고 문화적 DNA에 입각한 고유의 경영모델과 사람경영이 이제 모든 혁신의 핵심 요소로 작동되지 않으면 안 된다. 나는 이것을 '코리아니티coreanity 경영'이라 부른다. 이것이 우리의 세계적 차별성의 원천이게 하라.

보이지 않는 것을 팔아라

자본주의 역시 진화한다. 지나온 세기가 보이는 것들의 시대였고 효율성과 생산성의 시대였다면, 21세기는 보이지 않는 것들의 효과성과 지식의 시대다. 과거와 지금의 사이에 분명히 '전략적 변곡점'이 존재한다. 이 기회와 몰락의 변곡점에는 '사람'이 있다. 인적자원 분야에서 노벨상을 받은 경제학자 게리 베커는 지금의 자본주의를 '인적 자본주의'라고 불렀다. 그는 교육, 훈련, 기술, 건강 등의 총합이 현대 국부의 75%를 차지한다고 주장한다.

실제로 이런 분명한 현상을 기업의 성과와 자산에 대한 평가에 반영하려는 움직임들이 점점 더 영향력을 발휘하고 있다. 한 예로 로버트 하웰이나 바루흐 레브 같은 회계혁명주의자들은 전통적인 회계원칙GAAP ; Generally Accepted Accounting Principles으로는 현대 지식집약형 기업들의 가치와 실적을 제대로 평가할 수 없다고 믿고 있다. 따라서 기존의 대차대조표를 던져 버리고, 문화, 지적 자산, 연구개발, 기술, 특허, 핵심 역량, 인사 채용 및 훈련, 직원의 건강 등이 지닌 가치를 담아낼 수 있는 새로운 평가기준이 필요하다고 주장하고 있다.

앞으로 새로운 비전은 보이지 않는 무형의 자산들을 계발하는 것이고, 그것을 거래하는 것이고, 이를 통해 부가가치를 창출해 갈 수 있어야 한다. 이것이 진정한 부이기 때문이다.

정직하고 투명해야 한다

깨끗하고 투명하다는 것은 위대한 사회의 기초다. 황우석 교수사건은 한 사람의 처신이 가져온 파문이 아니다. 사회적 염원과 개인적 야심, 전문성이 필요한 분야를 점거한 여론 몰이가 정직의 중요성을 잊게 했기 때문이다. 다행스럽게 한국은 훌륭한 자정 능력을 가지고 있는 사회임을 증명했다. 윤리경영은 제약과 한계가 아니라 차별적 프리미엄이며, 정직에 대한 투명한 약속이다. 이것을 어기면 모든 것이 붕괴되는 초석인 것이다. 글로벌 스탠더드는 누구나 인정할 수 있는 '보편적 동의'를 전제하며, 누구나 지켜야 하는 게임의 룰이다.

혁신에는 휴일이 없다

한 분야에서 혁신이 이루어지면 관련된 기존의 제도적 장치들과 더 이상 어울릴 수 없기 때문에 불협화음을 만들어 낸다. 이 마찰이 연쇄적 개선과 혁신의 필요성을 촉발시킨다. 균형을 향한 이 영원한 조율 과정은 한 조직의 건강한 지속 성장을 촉진한다. 새로워지기를 멈추는 순간 살아 있음이 사라지고 생명의 위대함도 시들기 시작한다. 어제보다 나아지려는 시도와 모색을 통해 계속 진보하는 모멘텀을 잊을 때 조직은 낙후되고 이내 도태되게 된다.

끊임없이 새로워지는 혁신의 방법 역시 진화하고 혁신되어야 한다. 드러커는 이것을 '스스로 증식하는 지식'이라고 불렀다. 지식 자체가 진화하는 것이다. 혁신은 창의성을 필요로 한다. 외국의 사례를 벤치마킹하는 것으로 성공이 복제되는 것이 아니다. 배우는 것을 게을리 해서는 안 되지만, 자신만의 변종을 만들어 낼 수 없으면 체질에 맞지 않은 약을 쓴 것과 같다. 혁신 자체를 연구하고 가장 자기다운 방식을 창안해 내야 차별적 우위를 만들어 낼 수 있다.

성공을 두려워하라

성공은 풍선과 같은 것이다. 팽창되었을 때 바늘을 한 번만 가져다 대도 이내 터져 사라지는 풍선이 바로 성공이다. 성장의 정점에서 어두운 그림자 속으로 쇠퇴해 간 모든 위대한 조직의 비극은 역설적으로 성공에서 기인된 것이다. 이루는 순간 다시 이뤄야 할 것을 찾아야 하는 배고픔과 갈증이 바로 성공이다. 그리고 이것이 바로 영원한 혁신이 필요한 이유다. 역사가 토인비는 "역사상 가장 처참한 실패의 반은 과거의 위대한 성공으로부터 비롯된 것이다"라고 말했다. 성공은 지나가는 것이며, 사라지는 것이다. 진정한 성공의 법칙은 늘 새로운 성공을 만들어 가는 것이다. 성공에 도취되는 순간이 가장 위험하다. 성공을 축하하라. 그러나 그 허망함에 속지 마라.

나는 진정한 프로페셔널은 처음 시작하는 자의 흥분과 정신적 자세를 견지하는 사람이라는 것을 알게 되었다. 또한 진정한 비전 기업은 영원한 혁신 기업임을 알고 있다. 어제의 자신과 경쟁하는 것, 어제보다 나아지는 것, 이 끊임없는 여정, 이 줄기찬 탐험이 곧 위대함의 조건인 것이다.

변화경영 전문가 구본형 소장과 담소를 나누고 있는 한국무역협회 김재철 회장

"사람의 능력은 죽으면 썩는 것이다. 다 쓰고 가라"

어느 조직이든 지위와 힘을 가진 최고경영자의 가치관과 리더십은 그 조직의 성장과 미래를 결정짓는 가장 중요한 요소 중의 하나다. 나는 1990년 초 6년 동안 볼드리지 경영품질 국제 평가관으로 IBM의 아시아태평양조직의 경영진단과 평가를 맡아 오면서, 여러 나라의 최고경영자들과 여러 차례 인터뷰를 해 왔다. 그것은 한 조직의 경영 수준을 평가하는 가장 중요한 절차 중의 하나이기도 했다. 내가 무역협회의 김재철 회장을 만난 것은 무역협회를 이해하는 가장 빠른 길 중의 하나였고, 그동안의 궤적과 미래의 방향을 가늠하는 가장 효과적인 프로세스 중의 하나이기도 했다.

나는 그를 4번 만났다. 그 중에서 2번은 긴 인터뷰를 했다. 편집에서 오는 오해를 줄이기 위해 가능하면 주요 부분을 그대로 직접 인용하였다. 이해를 돕고 뜻을 명확히 하기 위해, 필요한 경우 질문의 순서를 일부 바꾼 것을 제외하고는 가능한 그 목소리를 그대로 살리려고 애썼다.

인터뷰 전에 사진으로 본 그의 얼굴에서 나는 바다가 만들어 놓았을 거친 풍랑의 흔적들을 읽으려고 했다. 내가 느낀 첫인상은 '단단함'이었다. 그것은 생각과 말 그리고 행동 사이에 괴리를 가지고 있지 않은 사람들이 가지고 있는 특징 중의 하나였다.

———

구본형ㅣ안녕하십니까? 장보고에 대해서 많은 애정을 갖고 있는 것으로 알고 있습니다. 장보고에게 관심을 갖게 된 특별한 계기나 이유가 있습니까?

김재철 | 제가 장보고에 대해서 관심을 많이 가지고 있고, 〈해신〉이라는 드라마가 나오는 데 산파역을 한 것도 사실입니다.

외국에서는 우리가 바다로 못 나가서 못산다고 하는데, 바다로 나간 위대한 인물로 장보고가 있습니다. 세계화와 물류의 중요성이 커지는 시점에서 장보고만큼 좋은 표본이 어디 있을까 하는 생각이 들었습니다. 또 우리 젊은이에게도 훌륭한 조상이 있다는 것을 알려줌으로써, 긍지를 갖고 바다로 나가는 것이 얼마만큼 국가에 이익이 되는지 알려 주고 싶었습니다. 그래서 장보고 사업을 하게 됐습니다. 그리고 보니 장보고 사업을 시작한 지 벌써 5년이 넘었습니다.

무역협회와 장보고가 직접적인 관련이 있는 것은 아니지만, 저는 우리나라의 가장 큰 자원은 사람이라고 생각하기 때문에 사람을 길러야 한다고 확신하고 있습니다.

구본형 | 회장님의 경영철학의 핵심에 사람이 자리잡고 있다고 볼 수 있겠군요?

김재철 | 그렇습니다. 저는 기업을 경영하면서 '범재론'이란 표현을 종종 사용합니다. 대부분의 조직이 우수한 사람, 천재만을 찾는데, 저는 웬만한 사람도 잘 훈련시키면 천재처럼 될 수 있다고 생각합니다. 그래서 저는 '범재도 충분히 닦으면 얼마든지 천재가 될 수 있다'는 범재 경영론이란 것을 주장해 왔습니다.

구본형 | 무역협회에서 가장 훌륭한 직업인은 어떤 모습이라고 생각

하십니까?

김재철 | 어떤 직업이든지 간에 실력과 대인관계가 매우 중요하다고 생각합니다.

타고난 자질도 중요하겠지만, 최종적으로는 열성이 가장 중요합니다. 자신이 좋아하는 것에는 열성을 다하지만, 싫은 것은 그렇게 하기 어렵습니다. 열성을 다하는 것이 가장 중요합니다. 얼마 전에 직원들과 이런 이야기를 나눈 적이 있습니다. 아인슈타인의 유명한 공식으로 'E=MC²'이 있는데, 우리 사회에서 성과를 낸 사람들을 공식으로 표현하면 'A=CP²'이라고 할 수 있습니다. 여기서 A는 성취Achievement, C는 자질Capacity 혹은 능력Capability 또는 컨텐츠Contents를 의미합니다. P는 열정Passion을 의미하지요. 주어진 시점에서 보면 그때까지 계발된 자질이나 능력 혹은 가지고 있는 컨텐츠는 일정하다고 볼 수 있습니다. 결국 주어진 기간 동안 얼마만큼 위대한 성취를 만들어 내는가는 자기 일에 열정을 다 바치는 사람만이 할 수 있는 것입니다.

구본형 | 회장님은 '사람이 경쟁력의 핵심'이라고 믿고 계신 것 같습니다. 그렇다면 회장님이 하루에 사람에게 투자하는 시간은 얼마나 됩니까?

김재철 | 만나는 것이 사람입니다. 많은 사람을 만나다 보니, 대부분의 시간을 사람에 쓰고 있다고 볼 수 있을 것 같습니다. 인재 양성에 대부분의 시간을 쓰고 있다고 생각합니다.

구본형 | 저는 동원그룹의 목요포럼과 무역협회의 화요포럼 모두에서

회장님을 만난 적이 있습니다. 목요포럼 혹은 화요포럼에 대한 생각은 어떻게 하게 된 것이고, 효과적으로 작동할 것이라는 확신을 갖고 계셨습니까?

김재철 | 동원에서 먼저 시작을 했지요. 동원의 경우에는, 수십 년을 해왔습니다. 저는 늘 '사람은 알아야 한다', '변화에 있어서 학습은 필수적'이라고 생각해 왔습니다. 그래서 제가 어디서 무엇을 하건 간에 화요포럼과 같은 교육 프로그램은 반드시 제도화해 놓습니다. 무역협회에 와서도 바로 시작했습니다. 물론, 직원들의 반발도 있었습니다. '일만 하면 되지, 아침부터 교육 때문에 고생시킨다'는 불만들이었겠지요.

제가 솔선수범하여 화요포럼에 한 번도 빠지지 않고 맨 앞자리에서 들었습니다. 처음 4년간 빠짐없이 참석하다가 이제는 직원들 자율에 맡기고 나가지 않고 있습니다. 어쨌든, 솔선수범하면서 같이 열심히 해서 화요포럼도 궤도에 오른 것 같습니다.

구본형 | 1999년에 무역협회의 회장으로 취임을 하셨는데요. 당시 무역협회라는 조직을 어떻게 생각하셨는지 궁금합니다.

김재철 | 우수한 인력이 많은 조직이라고 생각했습니다. 물론, 문제가 적지 않았고, 초기에는 어려움도 많았습니다. 직원들이 많이 도와줘서 지금은 많이 달라졌다고 생각합니다.

처음 무역협회에 왔을 때, 직원들이 무엇을 생각하고 어떻게 하고 있는지를 알고 싶었습니다. 그래서 과장급 이상의 관리자들에게 '현재 무역협회의 문제점이 무엇이고, 발전하기 위해서는 어떻게 해야 하는지'에 대해 리포트를 작성하여 제출하라고 시켰습니다. 당시, 100여 통 정도가 올라왔는데, 모두 읽었습니다. 그리고 제 나름대로 'SWOT' 분석을 해 봤지요. 분석해 보니, 인력의 자질은 좋은데 훈련이 되어 있지 않고, 경영 시스템이 없다는 사실이 눈에 들어왔어요. 그리고 직원들의 불만사항 중 가장 큰 것이 인사와 조직의 장래에 대한 불만이었습니다. 제 나름대로 분석하였고 회의를 열어서 분석한 결과를 관리자들에게 알려 주었습니다. 어느 정도 공감대가 형성되는 것 같더군요. 저는 그 자리에서 종이를 나눠 주면서, "인사를 공평하게 잘할 사람을 한 번 뽑아 봐라", "협회를 효과적으로 이끌어 갈 기획실장을 뽑아 봐라" 하고 지시했습니다. 그러고는 실제로 그 자리에서 다득표자를 기획실장과 총무부장으로 선출했습니다. 사전에 어떤 언질이나 준비도 없었습니다. 이런 방식이 당시 관리자들에게는 충격이었을 겁니다.

저는 절대로 인사에 사私는 개입이 되지 않아야 한다고 믿습니다. 그래서 처음 왔을 때부터, '인사 청탁은 없다. 청탁하면 반드시 불이익을 당할 것이다'라고 못을 박았습니다.

개혁에는 적극적인 변화 촉진자change agent가 있어야 합니다. 개혁을 강하게 추진할 수 있는 사람을 뽑아서 밀어붙였습니다. 그 과정에서 내부적으로 반발도 있었습니다. 비유하자면, 직원들은 평화롭게 사는 마을에 반란군이 쳐들어온 것과 같은 감정을 느꼈을지도 모르겠습니다. 하지만 저는 무역협회의 역할은 줄어들고, 회원사들의 불만은 높아지는 상황에서 협회가 이대로 가면 어떻게 될지를 강하게 물었습니다. '윗사람이 욕 먹기를 두려워해서는 안 된다'는 소신을 갖고, 직설적으로 표현하기도 했습니다. 결론적으로, 몸에 배지 않아서 처음에는 고통을 겪었지만 직원들이 잘 따라 줬습니다.

구본형 | 약 7년 간의 임기 동안, 무역협회가 얼마나 변했다고 생각하십니까?

김재철 | 대답은 180도 변했다고 말들 하지만, 제가 보기에는 그 정도는 아니고, 따로따로 놀던 것이 통합되었고, 공공기관으로서는 많이 달라졌다고 생각합니다. 비영리조직이기 때문에 성과를 계량화하는 데는 어려운 점이 있습니다. 하지만 직원들의 의식은 많이 달라졌고, 위기의식도 많이 갖게 되었다고 봅니다.

구본형 | 취임 초인 7년 전으로 거슬러 올라가서, 당시에 무역협회를 어떻게 만들고 싶다는 비전이 있었습니까?

김재철 | 당시만 해도 무역협회의 위치가 명확하지 않았습니다. 그래서 오랜 시간 무역협회가 지향해야 할 방향과 포지셔닝에 대해 고민을 많이 했습니다. 그 결과, 대한민국의 무역이 바른 길을 갈 수 있도록 하는 것이 우리의 역할이라는 결론에 이르게 되었습니다. '21세기 한국 무역의 길잡이', 이것을 우리의 비전으로 삼았습니다. 좀더 구체적으로 말씀드리자면, 우리나라의 수출을 어떻게 늘릴 수 있고, 거기서 무역협회가 어떤 역할을 할 수 있을까에 대해 고민을 많이 했습니다. 우선, 국내 무역업체의 수출 활성화를 도울 수 있는 연구 조사 기능을 강화하고자 했습니다. 두번째로, 수출의 첨병 역할을 할 수 있는 전시컨벤션사업을 일으키자는 목표도 세웠습니다. 세번째로, 무역아카데미를 통해 전문 무역인력을 양성하여 무역업계를 돕고자 했습니다. 이 부분의 결과를 보면, 'IT마스터' 과정의

수료생 중 400명 이상이 높은 연봉(3만 달러 이상)을 받으며 일본으로 취업을 했고, '무역마스터' 과정의 수료생은 99%의 취업률을 보이고 있습니다. 어쨌든, 이런 부문들에서 무역협회가 주도적인 역할을 하고 선두자가 되고자 노력했습니다. 저는 이제는 무역협회가 해야 할 일을 하고 있다는 평가를 내리고 있습니다.

구본형 | 무역협회의 지난 7년간의 혁신 과정은 비영리조직이 어떻게 자기발전과 성장을 해 나갔는지에 대해서 공공기관이나 제3섹터들에게 좋은 참고 사례가 될 수 있을 것으로 보여집니다. 특히, 비영리조직이라고 하더라도 수익이 없는 경우에는 생존이 어렵게 되는데, 무역협회는 그 부분에서 성공적이라고 볼 수 있겠습니다. 다른 한편으로는 공익성의 측면에서 봤을 때, 공익성과 수익성의 갈등, 그 둘 간의 조화가 중요할 것 같은데요. 이 부분에 대한 생각을 듣고 싶습니다.

김재철 | 공익성과 수익성 간의 갈등, 이것은 개혁의 장애요인으로 작용할 수 있습니다. 그러나 저는 공익과 수익이 상반된 개념이 아니라고 생각합니다. 공익도 성과가 있어야 합니다. 공익이라는 이름이나 명분만으로는 곤란합니다. 제가 처음에 와서 강조한 것이 경영마인드의 도입이었습니다. 공익은 중요합니다. 그러나 그것에도 분명한 효과와 성과가 필요합니다.

'우리는 공익기관이지 수익을 추구하는 기업이 아니다'라는 말은 개혁에 대한 명분 있는 반대입니다. 그렇다면, '우리 무역협회가 자립경영에 성공한 지금, 공익적인 관점에서 과거보다 못하고 있는가?'라고 질문해 볼 수 있을 것입니다. 제 대답은 '더 잘하고 있다'

는 것입니다.

무역협회의 채무비율은 계속해서 줄어들었고 수익은 커져 왔습니다. '수익을 가지고 무엇을 어떻게 할 것인가?' 저는 공익성을 추구한다고 하더라도 필요한 곳에, 그리고 충분한 성과를 산출할 수 있는 부문에 우선적으로 투자해야 한다고 생각합니다. 투자를 했으면 그만한 성과를 내야 합니다. 다만, 과거에는 자립경영에 초점을 맞췄지만, 이제부터는 공익성 강화에 집중할 생각을 갖고 있습니다. 자립 기반을 갖췄기 때문에, 제 임기뿐 아니라 다음에 오는 사람도 보다 원활하게 공익사업을 추진해 나갈 수 있을 것입니다.

구본형ㅣ 무역협회의 첫번째 고객은 회원사라고 볼 수 있을 것 같습니다. 회원사 중에서도 중소기업이 무역협회의 주요 고객이라고 생각됩니다. 그렇다면 중소기업이라는 고객의 입장에서 봤을 때, 무역협회가 지난 7년 동안 지원, 서비스 등 어떤 혜택을 제공했는지 궁금합니다.

김재철ㅣ '고객이 누구냐', 이것은 중요한 지적입니다. 정부도 그렇지만, 무역협회 같은 기관에는 몇 년 전까지만 해도 고객 개념이 희박했습니다. 무역협회의 고객은 회원사와 정부입니다. 또한 협회의 직원도 내부고객이라고 볼 수 있습니다.

'무역협회가 8만 회원사에게 어떤 공헌을 했는가?'라는 질문에 대해서는 앞서 어느 정도 설명했다고 생각합니다. 간단히 다시 말씀드리면, 전시컨벤션 산업의 활성화, 연구조사 기능 강화를 통한 정보 제공, 무역 관련전문인력 양성 등입니다. 예를 들면, 회원사는 연간 회비로 15만 원을 지불하지만, 키타넷을 통해 얻을 수 있는 정보

를 잘 활용하면 회원사는 회비의 수십 배가 넘는 가치를 창출할 수 있습니다.

구본형 | 무역협회는 '작고 강한 조직'을 추구해 온 걸로 알고 있습니다. 현재 무역협회의 인원은 적정하다고 생각하십니까? 아니면 인원이 더 늘어나야 한다고 보십니까?

김재철 | 구체적인 사업마다 다르겠지만, 저는 현재 인원을 갖고 더 많은 일을 할 수 있다고 생각합니다. 인력은 취임 당시 347명에서 현재 239명으로 30% 이상 줄었습니다. 여기에 매년 신입직원을 충원한 것을 감안하면, 약 절반의 인원이 교체되었다고 봐야겠지요.

사람을 줄이면서도 매년 신입직원을 10명 정도 채용했습니다. 저는 이것을 '신진대사를 원활하게 하는 것'이라고 표현합니다. 물론, 적지 않은 인원이 떠났으므로 고통도 있었습니다. 하지만 새로운 사람이 들어오면 조직을 활성화시킬 수 있습니다.

사람에게는 적성이 있습니다. 여기서 못해도 다른 곳에서는 잘할 수 있는 것입니다. 저는 적성을 살려 주는 것이 성공을 위한 최선의

길이라고 생각합니다. 적성을 못 살리고 있는 사람은 자신의 적성을 살릴 수 있는 자리와 위치로 옮기는 것이 본인을 위해서도 좋다고 생각합니다.

구본형 | 나이 든 직원들이 회장님을 무서워한다는 말을 들었습니다. 그리고 의외로 젊은 사람들에게는 잘해 준다는 말들도 하던데요. 젊은 사람들을 특별히 좋아하십니까?

김재철 | (웃으며) 기존의 직원들에게는 야단을 많이 치고 해서 그런 말이 나온 것 같습니다. 그런데 신입직원들은 이제 막 왔기 때문에 야단칠 일이 없지 않습니까? 그래서 '잘하라'는 의미에서 격려해 줍니다. 그러다 보니 그런 인식이 생긴 것 같습니다. 하지만 특별히 젊은 사람들만 좋아하고 그런 것은 아닙니다.

이건 제 생각입니다만, 저는 인간에게는 엄청난 잠재력이 있다고 생각합니다. 그리고 그 잠재력이란 것은 개발하고 활용하면 무한정 발전하지만, 쓰지 않으면 사라져 버린다고 믿고 있습니다. 직원들에게도 자신의 잠재력을 개발하고 활용해야 한다고 종종 강조해 왔습니다. 습관이 안 되어서 그렇겠습니다만, 협회에 오랫동안 있었던 직원들은 처음에는 제 말을 잘 따라오지 못했습니다. 그에 비해 젊은 직원들은 좀더 쉽게 받아들이는 것 같습니다.

저는 누구를 편애했다고는 생각하지 않는데, 직원들은 어떻게 생각하는지 그건 모르겠네요. '네 동생이나 아들이 틀렸으면 그냥 보고 있을 것이냐? 고쳐 줘야지. 좋은 것이 좋은 거라고 넘어가면, 회사도 망가지고 그 사람도 망가진다.' 이런 말을 자주 했습니다.

구본형 | 그런데 요즘은 잘못한 점을 지적하는 것보다, 자주 칭찬해주는 것이 중요하다는 지적도 있습니다. 어떻게 생각하십니까?

김재철 | 칭찬은 당연히 필요합니다. 제게도 그런 면은 있다고 생각합니다. 제가 직원들에게 야단을 치고 엄하게 했던 것에는, 아마 제가 젊어서부터 배에서 생활하고 원양어업을 했던 경험이 영향을 미친 것 같습니다. 아시겠지만, 배에서는 순간의 실수로 목숨을 잃기도 하기 때문에 직설적인 표현이 많습니다. 돌려 말하지 않고 분명하고 직접적으로 말하는 것이죠. 이런 경험 때문인지, 저는 직원이 잘못한 것을 적당히 슬쩍 넘어가려고 하면 끝까지 추궁을 하곤 합니다.

구본형 | 이제까지 유행처럼 왔다 가는 경영기법들이 많았습니다. 경영혁신 분야만 보더라도, 일본의 TQC, TPM, 통계적 품질기법, BPM, 벤치마킹, 베스트 프랙티스, 최근의 식스 시그마까지 여러 가지가 있습니다. 저는 이것들이 현장에서 제대로 작동하는가가 중요하다고 생각합니다. 회장님께서는 경영혁신의 기법을 도입하고 활용하는 데 있어 어떤 점이 중요하다고 생각하십니까?

김재철 | TQC, TPM, 리스트럭처링 등 많은 용어들이 난무하고 있습니다. 저는 경영혁신에 있어서 단편적인 접근 방법으로는 안 된다고 생각합니다. 그리고 어떤 경영혁신기법이든지 그것을 받아들이는 자세가 중요하다고 생각합니다.

저는 혁신에 있어 컨버전스적인 시각이 중요하다고 생각합니다. 경영기법 하나 잘해서 기업이 잘되면 안되는 기업이 어디 있겠습니까. 방법론마다 장점과 약점이 있으니까, 끊임없이 본인들의 상황과 필요에 맞춰 잘 적용해야 합니다. 종합적으로 보고해야지 어떤 한 가지 관점에서 단편적으로 접근하면 안 된다는 것입니다. 사람, 상황과 환경의 변화 등을 잘 고려해야 합니다. 그리고 경험도 중요합니다. 하지만 모든 것을 직접 경험할 수는 없지 않습니까. 그래서 다른 사람의 경험을 담고 있는 책이 중요합니다. 제가 협회의 관리자들에게 '문사철 600'이라는 표현도 썼습니다만, 문학책 300권, 역사책 200권, 철학책 100권, 이 정도는 읽어야 자기의 철학을 탄탄히 할 수 있고 역사적인 교훈도 얻을 수 있습니다. 문학책을 많이 읽으면 다른 사람들과 원활하게 커뮤니케이션하는 데 큰 도움이 됩니다.

구본형 ǀ 독서량이 상당히 많은 것으로 알고 있습니다. 보신 책 중에서 좋았던 책이나 직원들에게 추천했던 책은 어떤 것들이었습니까?

김재철 ǀ 피터 드러커의 『미래의 결단』과 같은 책입니다. 잭 웰치의 자서전이나, 최근에 출간된 『덩샤오핑 평전』 등도 좋았습니다. 그리고 일본의 도쿠가와 이에야스 관련책과 시오노 나나미의 『로마인 이야기』도 직원들에게 많이 추천했습니다.

구본형 ǀ 세계화에 대해서는 어떤 생각을 갖고 계십니까?

김재철 ǀ 한국과 한국인, 특히 젊은이들에게 세계화는 선택이 아니라 필수입니다. 외국에 친숙해질 수 있고 안목을 갖출 수 있는 기회가 많아져야 합니다. 우리는 어떤 형태로든 외국과 상대하지 않을 수 없습니다. 우리의 작은 땅에서, 이제는 세계로 나가야 합니다.

구본형 ǀ 세계화도 중요하지만, 저는 세계화의 과정에서 한국성이라는 특수성을 잃어버리는 것은 아닌가라는 생각도 합니다. 세계화 속에서도 지켜야 할 우리의 강점이나 특성은 무엇이라고 생각하십니까?

김재철 | 저는 우리 민족이 대단히 우수한 자질을 타고났다고 확신합니다. 과장된 표현이겠지만, '우수한 사람들을 제대로 크게 해 주면, 세계를 들었다 놓았다 할 수 있을 정도'입니다. 우리나라 사람들 중에서 세계적으로 예술과 체육 등에서 대가들이 많지 않습니까. 자질을 제대로 길러 주기만 하면 우리나라의 미래는 밝다고 생각합니다. 앞서 제가 말씀드린 '범재 경영론'도 '우리나라는 범재도 우수한 자질을 갖고 있다'는 맥락에서 나온 것입니다.

구본형 | 전자무역의 필요성에 대해 지속적으로 강조하셨는데요. 전자무역에 대한 의견을 좀 말씀해 주시지요.

김재철 | 여러 연구 결과에 따르면, 전자무역을 통해 2조 원 이상의 비용을 절감할 수 있다고 합니다. 우리의 자회사 중 하나인 KTNET을 통해 수출입 자동 통관을 하면, 적어도 매년 몇천 억 원은 절감할 수 있습니다. 그리고 전자무역에 대한 경험과 성공 사례, 노하우를 축적하게 되면 이것 자체를 외국에 수출할 수도 있습니다. 아마도 국부에 큰 도움이 될 것이고, 국가 경쟁력에도 보탬이 될 것입니다. 무역협회가 전자사업을 중점 사업으로 추진해 온 이유가 여기에 있습니다. 최근에는 국내의 높은 물류비 절감을 위해서 물류기획단을 발족했습니다. 정부의 관계부처 장관들과 협의를 하고 공감대도 형성했습니다. 물류기획단의 활동과 전자무역이 활성화되면 국가에 큰 이득이 될 것으로 기대하고 있습니다.

구본형 | 동북아 허브에 대한 아이디어나 제안을 많이 하신 것으로 알고 있습니다. 어떻습니까, 잘될 것으로 보십니까?

김재철 | 글쎄요, 잘되어야 하는데, 좀더 두고 봐야겠지요. 관련된 분야에서 현장을 아는 사람들이 자리를 잡아 가면 좀더 나아지지 않겠습니까. '산을 옮기는 것은 이론이 아니라 트랙터이다.' 드러커가 한 말이지요 책상이 아닌 현장에서 노력하는 사람들이 많아져야 한다고 생각합니다.

구본형 | 앞으로 무역협회가 더 좋은 조직이 되기 위해서는 어떤 방향으로 가야 한다고 생각하십니까?

김재철 | 지금까지 방향 설정은 잘해 왔다고 생각합니다.

모든 일은 사람이 하는 것이므로 인재 개발에 대한 부분, 그리고 정보사회이므로 정보 리서치 분야가 강화되어야 한다고 봅니다. 제 욕심 같아서는 선진국의 씽크탱크 같은 기관으로 발전하기를 바라지만, 어쨌든 연구조사 분야에서 제대로 발전했으면 좋겠습니다. 그리고 전자무역과 물류기획단을 통한 물류 시스템의 혁신 같은 것은 영향력이 매우 크므로 흔들림 없이 추진되어야 합니다. 무역협회가 이런 일의 중심에 선다면 무역협회가 하는 일과 역할은 충분히 가치가 있다고 생각합니다. 무역협회가 직원들에게 자아실현의 장이 되고, 자신의 경쟁력을 발휘할 수 있는 훈련장이 되면 좋겠다는 바람도 갖고 있습니다.

구본형 | 경영자에게 가장 중요한 것 중의 하나가 좋은 의사결정일 것입니다. 그러기 위해서는 좋은 정보를 적합한 시기에 확보하는 것이

매우 중요하리라 생각합니다. 정보수집 방법이나 어떤 정보가 살아 있는 정보인지 알아내는 회장님만의 방법이 있는지요?

김재철 | 이렇게 설명을 해 보죠. 정부에서 중요한 정책을 발표하거나, 사회적으로 이슈가 되는 문제가 있을 때, 저는 운전기사들에게 어떻게 생각하는지, 어떻게 될 것 같은지를 물어봅니다. 과거의 경험으로 보면, 대부분 그들의 대답이 정확했습니다. 그 사람들이 말한 대로 되는 경우가 많았습니다. 저는 그 사람들의 말이 세상의 민심이라고 생각합니다.

특히 어떤 정책이나 이슈와 이해관계가 얽혀 있는 사람들은 자신의 의견을 있는 그대로 이야기하지 않습니다. 아무래도 어렵지 않겠습니까. 그런데 기사들은 현실에 있으면서 들은 대로, 느낀 대로 솔직하게 이야기를 하는 것 같습니다.

조직에서도 마찬가지입니다. 저는 직원들에게 '윗사람을 속일 수는 있어도 아랫사람은 속일 수 없다'는 말을 합니다. 한국식 치마로 비유하면, 위에서 보면 치마가 어떤 색깔의 어떤 모양인지만 보이지만, 밑에서 보면 속치마를 입었는지, 어떤 색을 어떻게 입었는지까지 다 보이지 않습니까. (웃음) 마찬가지로 아랫사람이 윗사람에 대해 모르는 것 같아도 다 알고 있는 것이죠.

구본형 | 재미있는 비유인 것 같습니다. 기사들을 통해 세상의 민심을 읽는 '기사정보론'이나 '치마이론'이 재미있군요.

김재철 | 한 가지 더 이야기해 볼까요. 제가 '기업 무대론'이란 것을 종종 이야기합니다. 쉽게 말하면, '기업이란 것은 사람들이 들어와서 자신의 역할을 열심히 연기할 수 있는 곳이어야 한다'는 의미입니다.

관객들이 연기자들의 연기를 보며 박수 치고 대가를 지불하듯이, 무역협회가 역할을 잘 수행하면 고객들도 좋아하지 않겠습니까. 연기는 못하면서 극장이나 다른 것을 탓하면 소용이 없는 것이죠. 물론, 기업은 직원의 잠재력과 역량을 키워 줄 수 있는 좋은 무대를 제공

해야 하겠지요. 특히 우리나라 사람들은 자질이 뛰어나기 때문에 좋은 무대만 제공하면 더욱 좋은 성과를 낼 수 있습니다. '범재 경영론'에 대해서는 말씀을 드린 것 같은데, 하여튼 '범재론'하고 '기업 무대론'을 함께 이야기했더니 여러 사람들이 관심을 갖더군요.

구본형ㅣ'범재 경영론'을 포함해서 오늘 들은 '기업 무대론', '치마이론', 그리고 '운전기사 정보론'은 재미있습니다.

김재철ㅣ'운전기사 정보론'은 이렇게도 설명할 수 있을 것 같습니다. 대개 기사들은 정보를 좋게 말하려고 노력하지 않습니다. 그럴 필요가 없으니까요. 그런데 조직에서는 다릅니다. 자신에게 좋은 것은 귀에 잘 들어오고, 불리한 것은 듣기 싫고 빼고 싶지요. 그런데 그러면 생생한 정보를 얻을 수 없습니다. 거기다가 그런 정보가 문서화되고 결재단계를 거치면서 두 단계 세 단계씩 올라오면 정확도는 더 떨어집니다. 그나마 올라온 정보도 왜곡된 정보이기 일쑤죠. 그런 정보에 의존하면 의사결정이나 일을 제대로 할 수 없습니다.

제가 정부의 행정혁신위원회에 참여한 적이 있는데, 정부에서도 이런 현상을 종종 봅니다. 다시 한 번 강조하지만, 문서로 작성하게 되면 정보의 현실성이나 정확도는 떨어집니다. 또 결재 때문에 여러 단계를 거치면 정보의 생생함도 많이 떨어지게 됩니다. 그런 점에서 현장에서 정보를 직접 보고 접하는 것이 중요합니다. 그리고 정

보는 사실에 기반을 두고 있어야 합니다. 현장의 살아 있는 정보 없이는 적시에 적절한 의사결정을 내릴 수 없습니다. 그래서 주요한 결정을 할 때는 현장에 가서 현물을 보고 현상을 파악한 다음 결정하라고 강조합니다.

구본형 | 조금 딱딱한 이야기가 될 수도 있겠는데요. 무역협회의 회장으로 있으면서 본인이 생각하기에 가장 잘한 점은 무엇인지 말씀 좀 해 주시죠.

김재철 | 글쎄요. 제가 처음에 와서 여러 가지 일을 시작하면서 직원들에게 욕도 많이 먹었습니다. 하지만 시간이 흐르면서 직원들이 제 방식을 잘 받아들이고 점점 적극적인 자세로 변했습니다. 지금은 자발성이 높아졌다고 생각합니다. 예를 들면, 초창기에는 제가 아이디어를 많이 냈는데, 지금은 직원들 스스로 아이디어를 많이 냅니다.

구본형 | 그렇군요. 반대로 아쉬운 부분도 있으시겠죠?

김재철 | 네. 제가 처음부터 혁신을 능수능란하게 했으면 직원들에게

엄하다는 소리도 안 듣고 좋았을 텐데요. 좀더 부드럽게 했으면 하는 아쉬움이 남습니다. 부드럽게 혁신을 하는 테크닉을 알았다면 초기에 강도 조절도 하고 그랬을 텐데, 아쉬운 부분입니다.

여러 번 말씀을 드렸습니다만, 제가 첫 사회생활을 바다를 무대로 원양어선에서 시작했습니다. 바다생활이란 것이 참 혹독합니다. 뱃사람들은 싸움도 많이 하고 말투도 직설적입니다. 신사라고 대접받는 상황도 아니죠. 그런 상황에서 일을 배우고 생활을 하다 보니, 성격도 급해지고 표현도 직설적이게 된 것 같습니다.

실제로 처음에 와서 직원들에게 험한 소리를 많이 했습니다. '무역협회가 있는 것과 없는 것이 대한민국 무역에 무슨 영향이 있느냐'는 식으로 무역협회의 존재 이유를 부정하는 투로 이야기한 적도 있거든요. 당시 무역협회라는 조직과 업무의 특성상 제 표현이나 스타일이 직원들에게 충격적이었을 것입니다. 어쨌든지 간에 직원들 입장에서는 기분이 좋을 리가 없었을 겁니다. 저로서도 그 당시의 상황, 예를 들어 직원들의 안일한 자세나 업무 태도를 어떤 식으로든 깨야 한다는 생각이 강했습니다. 그래도 직원들이 잘 참아 주고 받아 줬다고 생각합니다.

구본형 | 지금은 어떠세요? 지금은 그런 험한 말씀 잘 안 하십니까?

김재철 | (웃으며) 가끔 하죠. 그래도 전보다는 많이 줄었습니다. 직원들이 많이 변했고 실제로 잘합니다. 제가 그렇게 심한 소리를 할 것이 별로 없습니다.

구본형 | 노사관계에 대해서 질문을 좀 드리고 싶습니다. 처음 취임했

을 당시의 노사관계를 지금과 비교한다면 달라진 점이 있습니까?

김재철 | 노사관계가 처음에는 좋지 않았습니다. 그전까지는 안 하던 여러 가지 일들을 시작하고 요구하는 것도 많고 험한 소리도 하고 그랬으니까요. 그런데 시간이 흐르면서 많이 좋아졌고, 지금은 아주 좋다고 생각합니다. 어제(2005년 8월 31일)가 노동조합 18주년 기념식이었는데, 노동조합에서 저를 초청했습니다. 노조 설립 이래 처음 있는 일이라고 하더군요. 저로서도 무역협회에 와서 7년 만에 초청을 받은 것입니다. 감개가 무량하고 초청해 준 것이 고맙기도 해서 축사를 했습니다. 얼마 전에는 기념행사 중 하나로 직원들이 삼행시 짓기를 한다고 해서 제가 제목도 주었습니다. '선진화'를 제목으로 했는데, 어제 보니 기발한 것들, 재미있는 것들이 많이 나왔더군요. 즐거웠습니다. 이런 것들이 노사관계가 건설적인 방향으로 발전했다는 증거가 될 수 있지 않을까 합니다. 처음보다는 많이 좋아졌다고 생각합니다.

구본형 | 지난 7년 동안 해 온 일을 개혁, 혁신, 혁명, 개선, 진보 등과 같은 단어로 표현을 해 본다면, 어떤 단어로 표현하고 싶습니까?

김재철 | 제가 한 것이 아니라, 직원들이 한 것이니까……. 다만, 저도 제 맡은 바 소임을 위해 열심히 했다는 생각은 갖고 있습니다. (잠시 고민하며) '많이 개선됐다', '혁신했다'는 정도의 표현이 어떨까 합니다. 직원들은 저한테 의식이 180도 달라졌다는 말을 자주 합니다. (웃으며) 그 말을 믿어야죠. 직원들 입장에서도 혁신 정도는 했다고 생각하는 것 같습니다.

구본형 | 회장님이 스스로에게 점수를 준다면 몇 점 정도를 주시겠습니까?

김재철 | (웃으며) 어려운 질문인데요. 평가는 남이 해 줘야겠죠. 직원들에게 이런 말을 합니다. '사람의 능력은 죽으면 다 썩는 거야. 몸도 능력도 썩는다. 그런데 왜 아껴? 열심히 해야지' 최선을 다하는 것이 중요하다고 생각합니다.

제가 좌우명으로 삼은 것이 있는데요. 우선 젊었을 때 수첩에 적고 다닌 구절은 도쿠가와 이에야스의 말이었습니다. '인생의 짐은 무거울수록 좋다. 그것으로 인해서 인생은 성장하는 것이니까.' 이 말이 참 가슴에 와 닿았습니다. 두번째로는 '최선을 다하고 그 뒤는 신의 섭리에 맡긴다'는 것입니다. 최선을 다한 사람도 실수를 할 수 있습니다. 최선을 다한 후의 결과라면 받아들여야 합니다.

구본형 | 요즘 젊은이들에게 특별히 해 주고 싶은 말이 있다면 해 주시지요.

김재철 | 우리 요즘 젊은이들은 옛날에 비하면 여러 가지로 뛰어납니다. 환경도 좋고 본인들이 가진 자질도 부쩍 좋아진 것 같습니다. 자질과 능력을 더 가치 있게 쓰는 방법은 혼자가 아니라 다른 사람과 사회와 더불어 발전하는 것입니다. 젊은이들이 더불어 사는 사회의 중요성을 보다 명확히 인식하면 좋겠습니다. 그런 젊은이는 더 좋은 평가도 받게 될 것입니다. 자기 역량을 꾸준히 키워 나가면서 혼자만을 위해서 쓰지 말고, 다른 사람과 사회를 위해서도 기여하면 좋겠습니다.

구본형 | 앞으로 퇴임을 하시게 되면 개인적으로 어떤 삶을 살고 싶으신지요?

김재철 | 하고 싶은 것은 많지만, 우선 읽고 싶었던 책들을 좀 읽으면서 차분히 생각하고 싶습니다.

구본형 | 취미나 예술, 그리고 문화활동에 관심을 갖고 계신 것이 있나요?

김재철 | 저는 예술이나 문화에 대해서는 잘 모릅니다. 대신에 저는 교육사업에 관심이 많습니다. 직무교육도 필요하지만, 인성교육도 중요하다고 생각합니다. 그래서 직무교육과 인성교육이 조화를 이룬 교육기관을 설립하고 싶은 생각이 있습니다.

요즘은 장학금이 흔해졌습니다만, 저도 '동원육영재단'을 통해 꽤 오랫동안 학생들에게 장학금을 지급해 왔습니다. 그런데 언제부턴가 장학금 지급보다 더 가치 있는 일을 해 보고 싶다는 생각이 들었습니다. 예를 들면, 학생들이 대학 재학 중이나 대학을 졸업하고 취업을 할 때, 도움을 줄 수 있는 카운슬링 프로그램이 있으면 좋겠다는 생각이 듭니다. 기업들의 채용 과정을 보면, 사람과 직업 혹은 직무 간에 미스매치가 많지 않습니까. 국가 전체적으로 보면 이런 미스매치에서 나오는 손실이 상당히 큰 것 같아요. 인재 채용이나 취업에 있어 미스매치를 줄일 수 있는 방안이 필요하다는 생각이 듭니다. 어쨌든 최근 들어 사람을 계발할 수 있는 교육에 관심을 갖고 고민을 하고 있습니다.

구본형 | 회장님을 만일 물고기에 비유한다면, 어떤 물고기라고 생각

하십니까?

김재철 | (잠시 생각하며) 참치. 참치는 부지런히 대양을 헤엄쳐 다니는데, 저도 그런 것 같습니다.

구본형 | 마지막으로 꼭 하시고 싶은 남겨진 이야기가 있으시면 해 주시기 바랍니다.

김재철 | 혁신은 어렵고 힘든 일이었고, 불편한 점도 많았습니다. 그렇지만 이루고 나면 보람도 있지요. 저도 무역협회에서 무보수로 일하는 회장인 만큼 조용히 지낼 수도 있었습니다. 일일이 챙기고 결재를 할 때 주위에 있는 분들이 무엇하러 그렇게 꼼꼼히 챙기느냐고 하기도 했습니다. 잘못 사인했다가 나중에 무슨 일을 당하려고 그러느냐는 조언도 있었습니다. 그러나 저는 항상 '원칙을 철저히 지키고 작은 것도 소중히 하며 새로운 것은 과감하게 하라'고 강조해 왔습니다. 그리고 경영자로서 결정을 했으면 잘못된 경우에 마땅히 책임을 져야 한다고 생각했으니까요

지금은 모두 좋게 말하지만 화요포럼도 처음에는 이런저런 말이 많았습니다. 근무시간 일만도 힘드는데 왜 아침 일찍 나오라고 하냐는 거지요. 그러나 의식을 바꾸지 않고서는 혁신은 불가능하다고 여겼기 때문에 저는 4년 동안 늘 앞자리에 앉아 참석했습니다. 지금은 화요포럼이 무역협회의 명물이 되었습니다. 그때 물러섰다면 화요포럼은 없어졌을 것입니다. 여러 의견을 듣고 좋은 의견을 실천하는 것은 좋은 일입니다. 그러나 좋은 일이 여러 우려들과 복잡한 이해관계 때문에 실천되지·않는 경우도 많습니다. 이때는 조직의 리더가 책임을 지고 관철시켜야 합니다. 그래야 조직이 앞으로 나

아가고 과거의 비효율과 미숙함을 떨쳐 버릴 수 있는 것입니다.

특히 저는 노조가 투쟁에서 상생의 길로 함께 가게 된 것을 자랑스럽게 생각합니다. 저는 노조를 싫어하는 것이 아닙니다. 산업화하는 과정에서 악덕 기업가가 가혹한 착취를 할 때 그에 대항하기 위해 만든 것이 노조 아닙니까? 그러나 지금은 그런 기업은 망하게 되어 있습니다. 우리나라는 그런 기업가가 잘살 수 있는 나라도 아니며 여론이 그것을 허용하는 후진국도 아니지 않습니까?

더욱이 무역협회는 누구도 착취할 사람이 없습니다. 그러니 과거의 투쟁 개념을 가지고는 함께 갈 수 없다는 것을 지속적으로 설득했고 그 원칙을 지켰습니다. 다행스럽게 우리는 이제 함께 같은 목표를 향해 가기 시작했습니다. 이제는 노조 행사 때 나를 비롯한 경영진을 초대하면 기꺼이 참석할 정도로 노사관계가 좋아졌습니다. 얼마나 좋은 일입니까?

이제 무역협회는 일을 벌이는 것으로 만족하는 조직이 아닙니다. 이제는 성과로 말하는 조직이 되었습니다. 업무지향적이 아니라 성과지향적으로 일합니다. 돈을 아끼자는 것이 아니라 효과적인 일을 제대로 하자는 것입니다. 가급적이면 수익도 내고요. 수익이 나야 회원사를 위해 더 많은 일을 할 수 있고, 국익에도 기여하지 않겠습니까? 미래를 보고 꼭 해야 할 일은 손해가 나더라도 해야 할 것입니다. 그러나 우리는 원칙을 가지고 있습니다. ‘새로운 사업은 2년간은 손해가 나더라도 하자. 그러나 3년째부터는 적자가 안 나도록 하고 그리고 그 다음해부터는 이익이 나도록 노력한다’ 는 원칙입니다. 필사적으로 노력하고 그렇게 되도록 좋은 방법을 찾아내는 것이 일을 잘하는 것이라고 생각합니다.

수익이 공익에 기여하게 하고, 더 많은 성과를 올리는 조직을 만들고 싶었고, 어느 정도 그렇게 되었다고 생각합니다. 이제 무역협회 관련회사들은 전부 흑자경영을 하고 있습니다. 그러나 갈 길은 멉니다. 혁신은 끝을 모르는 단어이며, 우리는 늘 성공에 배고프고, 그래서 조직은 늘 헝그리 정신이 필요하다고 생각합니다. 나는 무역협회의 임직원들이 자랑스럽습니다. 이 기회에 고마움을 전하고 싶습니다.

그리고 구 소장께 당부합니다. 전문가의 안목으로 객관적이고 솔직한 기술을 해 주시기 바랍니다. 그래야 다른 공익조직과 비영리기관에게도 참고할 만한 사례가 되리라 믿습니다. 감사합니다.

구본형| 긴 시간을 내주셔서 감사합니다.

———

한 조직을 이끄는 리더는 그 조직의 운명에 대하여 책임을 져야 한다. 경영자들은 평생을 경영에 바친 사람들이다. 그들이 맡았던 조직의 흥망성쇠는 또한 그들의 인생 그 자체이기도 하다. 무역협회의 역사는 이 조직을 이끌었던 리더들과 구성원 모두의 삶의 이야기다. 무역협회 역시 60년 역사 속에서 성장의 굴곡을 거쳐 왔고, 그들의 리더들과 함께 여기에 이르게 되었다. 앞으로의 과제는 이렇게 축적된 힘이 '21세기 한국 무역의 길잡이'라는 비전 속에서 가장 화려한 꽃들을 피워 내는 것이다.

무역협회 10년의 개혁 과정은 완벽한 것도 종료된 것도 아니다. 분명한 것은 그것이 단호한 실험과 모색이었다는 점이다. 단단한 초석을 까는 어려운 작업이었고, 무역협회 60년 역사의 가장 중요한 한 페이지였을 것이다. 나는 지금까지의 혁신 노력과 성과에도 불구하고 앞으로 무역협회가 세계적 조직이 되기 위해서 풀어야 할 과제가 적지 않다고 생각한다. 이 책을 쓰면서 적어도 다음과 같은 여섯 가지의 영역에서 제기되는 숙제를 풀어 가야 한다고 느꼈다.

첫째는 혁신의 과정에서 만들어진 두려움과 수동성을 떨쳐 내고, 조직에 대한 애정과 자율적 열정으로 가득한 뜨거운 집단으로 성숙해야 한다는 점이다.

둘째는 지속적인 직장의 민주화가 이루어져야 한다는 점을 들 수 있다. 쌍방향의 커뮤니케이션과 자유로운 논의, 건강한 제안이 만개하는 창조적이고 수평적인 조직을 만들기 위한 부단한 노력이 필요하다.

셋째는 제도와 실제의 괴리를 끊임없이 좁혀 나감으로써, 무거운 제도적 장치가 현장의 유연성과 창조적 의욕을 제한하고 규제하지 않도록 해야 한다. 체질에 맞는 적합한 시스템을 만들어 내기 위한 지속적인 모색과 조율이 늘 이루어져야 할 것이다.

넷째는 '한국 무역의 길잡이'라는 비전을 창조하는 진정한 현장 중심의 전문가 집단이 되어, 고객이 인정하고 감사하는 최고의 무역지원 전문조직이 되어야 한다는 것이다. 국익과 회원들의 만족이 자부심의 원천이 되어야 한다.

다섯째는 물리적 교역과 한국이라는 국경에 갇혀서는 안 된다는 것이다. 국경은 지도 위의 선에 불과하고, 보이지 않는 것들의 가치가 진정한 부의 원천이 되었기 때문이다. 진정한 세계화의 리더가 되어야 한다는 뜻이다. 앞으로 복합무역에 대한 관심과 초점이 무역협회의 훌륭한 미래이자 비전으로 발전해 가기를 기대한다.

여섯째는 수익과 공익의 조화와 균형을 잃지 말아야 한다. 이것은 엄정한 윤리정신과 조직의 태생적 사명감이 등대와 나침반처럼 늘 살아 있어야 함을 의미한다.

나아지려는 조직은 쉬지 않는다. 혁신 자체가 일상적 과업일 때,

조직은 비로소 자신의 과거와 경쟁함으로써 나날이 나아지고 이윽고 위대해지는 것이다. 개혁과 혁신은 종료를 모르는 단어다. 그것은 그저 완벽함과 위대함을 향한 끊임없는 여정일 뿐이다.

회차	강사	소속	주제
1	남명수	인하대학교 경영학과 교수	21세기를 위한 변화와 성과관리
2	고광석	무협 기획조정실장	벽을 허물자
3	강석진	한국GE 사장	세계초일류기업 GE의 경영혁신전략
4	이상진	무협 정보사업부 사이버마케팅 과장	전자상거래의 확산과 우리의 자세
5	김진배	유머개발연구원장	유머의 리더십
6	김범수 외	김학서, 박윤환, 신선영	"미래의 결단" 독서토론회
7	이순철	홍익대학교 경영학과 교수	지식경영의 방법론과 성공전략
8	유인열	무협 무역조사부장	EU통합의 추진현황과 우리의 대응(브뤼셀지부 귀임보고)
9	최인학	모토로라코리아 상임고문	Paradigm Pioneer가 되자
10	박종천	무협 ASEM 건설사업추진단 UEC 팀장	마케팅플랜 기법과 활용방안
11	송 자	명지대학교 총장	21세기를 준비하며
12	이동기	무협 ASEM 건설사업추진단 참사	컨벤션센터의 운영전략(UNMV 연수보고)
13	윤은기	IBS컨설팅 대표(경영학 박사)	21세기형 조직의 성공전략
14	황희곤	㈜코엑스 전략기획팀장	New 밀레니엄을 맞이하여
15	이어령	이화여대 인문대학 교수	새천년을 맞이하며
16	윤경상	무협 하주사무국 과장	해외직무연수 결과보고(UCSD 연수보고)
17	한비야	여행가	오지탐험기
18	원두희	무협 무역지원실 차장	인터넷 비즈니스 시대 – e-mail 이야기
19	이수원	태흥실업 대리	무역아카데미 경험과 무역현장 체험기(무역연수원 졸업자)
20	고광석	무협 기획조정실장	비전설명회
21	김진현	문화일보 사장	21세기의 한국과 세계, 태평양 – 인도양으로 기축변화
22	박천일	무협 기획조정실 참사	기업의 경쟁우위 원천과 지속전략(ADL 연수보고)
23	김진호	골드뱅크 사장	인터넷 비즈니스와 커뮤니티 구현
24	이종원	무협 국제통상부 과장	일본경제, 영광과 좌절 그리고 미래(일본연구회)
25	제프리 존스	주한 미상공회의소 회장	한국인의 SWOT와 21세기 대응전략
26	성영화	무협 무역지원실 참사	헤지펀드의 실체와 대응전략
27	김진익	GLOBAL 문화개발원장	감동 패러다임과 글로벌 에티켓
28	김학서	무협 국제통상부 국제실장	중국 그리고 중국인
29	하권익	삼성종합병원 원장	고객감동경영

회차	강사	소속	주제
30	신구식	무협 회원서비스센터 거래알선실장	변화
31	구본형	한국IBM 경영혁신팀장	지식사회와 자기혁명
32	조학희	무협 국제통상부 참사	WTO와 밀레니엄라운드의 실체(Louven대 연수보고)
33	주강현	우리민속문화연구소장	21세기 우리 문화의 방향
34	우만권	무협 국제통상부 참사	혁신리더십 교육결과 보고
35	이강환	대한생명 회장	21세기 직장인의 성공전략
36	홍성해	무협 국제통상부 참사	EU기구와 로비환경(Louven대 연수보고)
37	박동규	서울대학교 국문학과 교수	성공적인 삶의 방식과 새천년에 할 일
38	김일산	무협 무역아카데미 참사	일본의 상관행과 대응전략
39	오홍석	동국대학교 사범대 지리학과 교수	하늘 땅 그리고 사람
40	신호범	무협 국제통상부 해외시장과장	마케팅의 종합예술 : 전시회
41	서영훈	제2의건국 범국추 상임위원장	새천년에는 무엇을 할 것인가?
42	이재현	무협 재경부 ASEM팀장	우리 협회의 지식조직화를 위한 Work-out과 CAP의 도입방안
43	김경섭	한국리더십센터 소장	새천년의 성공전략
44	김극수	무협 무역조사부 경제조사과 조사역	미국의 통화정책과 경제동향
45	최영호	해군사관학교 국문학과 교수	신화적 상상력과 한국의 해양문화
46	이상직	前 무협 워싱턴지부장	세계경제환경의 변화와 무협의 역할
47	김수경	한국약사의학연구소 소장	성공하는 직장인을 위한 건강관리법
48	박윤환	무협 무역지원실 과장	무역지원현장의 애로와 보람
49	장대환	매일경제신문사 사장	지식경영 성공전략
50	이병호	무협 무역지원실 참사	미국식 경영에 관하여 : 마케팅 중심으로
51	전하진	한글과 컴퓨터	E-Business 성공전략
52	고동철	무협 외국인구매안내소 소장	Fashion 공화국의 수출사령부
53	김춘추	카톨릭조혈모세포이식센터 소장	시와 백혈병, 그리고 나
54	김철환	무협 무역아카데미 사무국장	중국의 변화와 우리의 대응(북경지부 귀임보고)
55	이성주	언론인	사회개혁과 경제인
56	이재출	무협 국제통상부 과장	디지털화폐의 현재와 미래
57	이찬근	인천대 무역학과 교수	세계 무대에서의 NGO의 역할과 무역협회
58	김재철	한국무역협회 회장	우리는 왜 일을 하는가
59	박성수	이랜드 회장	이랜드 성공비결
60	김정태	㈜코엑스 상무	센터개관과 COEX 신운영전략
61	이재규	대구대 교수	지식사회에 있어 공공단체의 역할과 성과향상전략
62	박종만	무협 비서실장	일본인과 일본시장(도쿄지부 귀임보고)
63	황영조	92바르셀로나올림픽 금메달리스트	정상에 서기까지
64	김길섭	무협 하주사무국 과장	컨테이너와 해상운송
65	김명곤	국립극장장	나의 예술철학과 인생

회차	강사	소속	주제
66	차재윤	무협 전무이사	KITA의 과거와 향후 과제
67	김성주	성주 인터내셔널㈜ 사장	21C 중소기업의 글로벌 전략
68	이 승	무협 상무이사	우리 협회의 재정현황과 향후 과제
69	이유재	서울대 경영대 교수	고객가치경영
70	문석호	무협 기획조정실장	나의 카톨릭 신앙생활과 직장생활
71	김도향	서울오디오 사장	생활 속의 명상
72	박진성	무협 국제통상부 참사	UCSD 해외 연수의 직부연관성(UCSD 연수보고)
73	김문경	숭실대 명예교수	21C와 장보고
74	박광은	경기지방중기수출지원센터 과장	지원현장에서 본 중소기업의 현황과 문제점
75	서상록	호텔롯데 프랑스식당 쉔브룬 웨이터	다시 시작하는 인생이야기
76	최원호	무협 총무부 인사과	글로벌 기업의 경영전략(PSU-MIM 연수보고)
77	김용운	한양대 명예교수	복잡계와 한국
78	김진용	무협 사이버무역부장	c-KITA Everything
79	이재웅	다음커뮤니케이션 사장	인터넷 포탈의 수익모델과 전망
80	배명렬	무협 회원서비스센터 상담역(3)	핀란드의 글로벌 경영사례(KEMBA 연수보고)
81	엄흥길	산악인	딛고 일어선 것은 정상이 아니라 실패와 좌절이었다
82	손태규	무협 사이버무역부 전산역(4)	e-Commerce의 동향과 우리 협회의 역할(SFSU 연수보고)
83	백선엽	6.25전쟁 50주년 기념위원장	6.25전쟁과 동북아 정세
84	정윤세	외국인투자 옴부즈만 파견 과장	외국인투자유치의 현황과 과제
85	정필수	한국해양수산개발원 선임연구위원	동북아물류권의 재편가능성
86	조창제	무협 회원서비스센터 과장	회원 DB 개발 결과보고
87	배병휴	매일경제신문 편집고문	IMF경제개혁의 교훈과 과제
88	김현정	무협 2000년도 신입직원	무협은 흐른다
89	강한영	㈜선우엔터테인먼트 회장	수출컨텐츠로서의 애니메이션(무역의 날 은탑산업훈장 수상업체)
90	허문구	무협 하주사무국 과장	아프리카진출의 교두보 이디오피아(이디오피아 수출진흥청 파견)
91	지만원	사회발전시스템연구소 소장	시스템을 통한 무역업계의 미래경영
92	염동철	무협 무역지원실 실장	남북경협의 현황과 전망
93	이규태	조선일보 논설고문	21세기 바람직한 한국의 직장인상
94	김영준	무협 국제통상부 참사	러시아 바로 알기
95	좌승희	한국경제연구원 원장	국민을 생각하는 경제개혁과 구조조정
96	이우원	무협 하주사무국 국장	글로벌 에티켓
97	류태영	건국대 농대 교수	이스라엘 국민정신과 교훈
98	장상규	무협 사이버무역부 정보개발팀장	Kotis Internet과 e-Mail Club 개발 결과보고
99	유영만	안동대 교육공학과 교수	Fish 철학과 변화
100	남덕우	한국무역협회 고문	남북경협과 통일의 조건
101	신현암	삼성경제연구소 경영전략실 수석연구원	21세기 트렌드와 우리의 대응

회차	강사	소속	주제
102	하인천	무협 회원서비스팀 팀장	Trade Service Show 2001을 개최하면서 배우고 느낀 것들
103	강세호	㈜Unitel 사장	정보기술의 발전과 Post Internet
104	한학희	KTNET e-기획마케팅 팀장	KTNET의 신사업전략과 미래 Vision
105	안복현	제일모직㈜ 대표이사 사장	제일모직의 재미있는 회사 만들기
106	장호근	무협 홍보실 홍보역	언론홍보의 실제와 기법
107	서정선	㈜마크로젠 대표이사	보이지 않는 신대륙을 찾아서
108	윤승현	㈜코엑스 컨벤션팀 팀장	COEX컨벤션사업 현황과 전략
109	강학중	한국가정경영연구소 소장	21세기 가정경영(가정의 달 특강)
110	김연식	무협 회원서비스팀 차장	회원서비스팀의 창구업무 365일
111	고채석	한국도로공사 전략기획팀장	새천년 신길문화 창조(도공의 지식경영 실천사례)
112	박부규	무협 국제협력팀 과장	일본 이야기(도쿄지부 귀임보고)
113	허태학	㈜삼성에버랜드 대표이사 사장	고객만족엔 끝이 없다
114	권태경	EC21 대표이사 사장	EC21이 제시하는 신 Cyber 무역전략
115	정경원	한국디자인진흥원 원장	디지털 시대, 디자인 경영이 글로벌 경쟁력의 원천
116	송창의	무협 국제협력팀 과장	중국서부 대개발사업의 현황과 전방(북경지부 귀임보고)
117	최 훈	보르도 와인아카데미 원장	포도주와의 만남
118	최은희 외	2001년 신입직원 10명	2001 KITA의 현장무역 맛보기
119	이성무	국사편찬위원회 위원장	한국사의 특성과 그 현대적 계승
120	국제협력팀	여성철, 강호, 이재출, 김승욱	Networking을 통한 국제협력 level-up방안
121	이경훈	서울대학교 국제지역원 교수	사이버시대의 협상전략
122	김진현	무협 수석 객원연구원	20세기와 21세기 대륙화와 해양화의 한국
123	문국현	유한킴벌리㈜ 대표이사 사장	기업과 환경
124	한창회	무협 기획조정실 기획역(4)	지식자원개발, 관리의 새로운 트렌드 : e-learning(ADL연수결과보고)
125	박천웅	㈜스탭스 사장	왜 어제처럼 사는가
126	양수길	무협 객원연구원	한국경제의 진로와 과제
127	조긍호	서강대 심리학과 교수	이상적 인간형의 동서양 비교
128	김 국	한국 웹전문가협의회 회장	한국 Digital Contents 산업의 현황과 수출전략
129	송송이 외	무협 2000년도 신입직원(9명)	무역현장 실습교육 결과보고(제1차)
130	정인환	아더앤더슨코리아컨설팅(인사파트장)	KITA의 신인사전략(중장기발전방안 용역 결과보고)
131	최영옥	음악평론가	클래식 아는 만큼 들린다
132	최은희 외	무협 2001년도 신입직원(11명)	무역현장 실습교육 결과보고(제2차)
133	이희수	한양대 문화인류학과 교수	미국 테러사태와 이슬람문화의 새로운 인식
134	허인규	무협 하주사무국 참사	글로벌기업의 해외시장진출전략(PSU-MIM과정 연수결과보고)
135	송희라	세계미식문화연구원 원장	Gourmet여행
136	백재선	무협 하주사무국 과장	IT강국 핀란드(KEMBA 연수결과 보고)
137	유민봉	성균관대 사회과학부 교수	Self-Leadership : 자기로부터의 변화

회차	강사	소속	주제
138	홍석원	㈜시스코시스템즈 코리아 회장	인터넷혁명과 e-변화
139	김진홍	두레마을 대표(목사)	개척정신과 공동체 정신
140	이화여대팀	국제대학원생 논문콘테스트입상팀	양면게임으로 본 한국의 FTA 전략 등
141	정광춘	㈜잉크테크 대표이사 사장	InkTec의 해외시장 개척전략(제38회 무역의 날 은탑산업훈장 수상업체)
142	신호범	무협 전시컨벤션팀 과장	전문전시회의 국제화전략
143	서두칠	前 한국전기초자㈜ 대표이사	우리는 기적이라 말하지 않는다
144	김도형	무협 객원연구원, 계명대 교수	2002년도 한국경제의 전망
145	정혜신	마음과 마음 정신과 원장	직장인의 스트레스와 정신건강관리 전략
146	김기현	무협 정보개발팀 전산역	신KOTIS와 On-Off의 조화
147	조용진	서울교대 교수, 한국얼굴학회 회장	얼굴이 바뀌면 '한민족의 미래'도 달라진다
148	한영수	무역협회 전무이사	우리 협회의 국제통상활동 추진방안
149	이영욱	연세대 천문우주학과 교수	인간과 우주
150	최용민	무협 기획조사팀 조사역(4)	유로화의 통용에 따른 우리 기업의 마케팅 전략
151	김진근	부여군청 농림과 수출전담팀 직원	New Round下의 농산물 수출전략
152	남진우	무협 국제협력팀 과장	국내지부 및 지방무역 활성화를 위한 단상
153	유난희	우리홈쇼핑 쇼호스트팀 팀장	유난희의 Real Success Story
154	김채미	㈜KTNET e연구팀 선임연구원	글로벌 e비즈니스 프레임워크
155	김규환	대우종합기계㈜ 명장	목숨 걸고 노력하면 안 되는 것이 없다
156	김병철	㈜코엑스 전시1팀 대리	미국 전시회 왜 강한가?(미국 UNLV 해외연수 결과보고)
157	김이숙	㈜e-Corporation 대표이사	인터넷기업의 성장전략
158	연수자 대표	이순중/제현정,박경진	직무연수 결과보고(승진자리더십 및 행정능력배양연수)
159	이연택	2002년 월드컵 조직위원회 공동위원장	월드컵의 성공적 개최와 국가발전
160	주재우	무협 무역연구소 연구원	중앙아시아의 에너지 자원과 국제관계
161	한젬마	미술평론가, 화가	그림을 읽어드립니다
162	공병호	공병호 경영연구소 소장	변화의 시대와 자기경영
163	김경해	㈜커뮤니케이션즈코리아 대표이사	위기에 대비하지 않으면 21세기에 살아남을 수 없다
164	김치중	회원서비스팀 과장	회원만족 서비스를 위한 제언
165	남궁 석	민주당 국회의원, 前 정통부 장관	Cyber Korea 21과 우리의 과제
166	성백웅	국제통상팀 참사	통상분쟁의 이해와 대응전략
167	박노해	시인, 나눔문화회 대표	사람만이 살길이다
168	허문구	하주사무국 과장	물류강국 네덜란드에서 보고 느낀 것(네덜란드 IMTA직무연수 결과보고)
169	박영실	삼성에버랜드 서비스아카데미 과장	서비스는 힘이 세다
170		2002년도 신입직원	個性商人, 新入직원? 信立직원?
171	박정인	㈜현대모비스 회장	스피드 경영이 최고의 경쟁력
172	신승관	무협 무역전략팀 조사역	원화의 국제화 가능성
173	김효근	이화여대 경영학부 교수	지식기반시대와 지식경영

회차	강사	소속	주제
174	유홍준	명지대 미술사학과 교수	문화유산을 보는 눈
175	박용찬	㈜인터젠컨설팅그룹 대표이사	21세기 글로벌 무역강국 실현을 위한 전자무역의 Vision
176	김현철	무협 eTrade팀 참사	기업전략과 경쟁우위(미국ADL직무연수 결과보고)
177	송병락	서울대 경제학부 교수	GLOBAL지식경제시대의 경쟁전략
178	안장혁 외	제3기 청년무역연수생(5명)	제3기 청년무역연수생 해외연수 소감
179	최상일	MBC 라디오국 4CP	우리의 소리를 찾아서
180	서욱태	무협 하주사무국 참사	Diamond 모델을 이용한 경쟁력 비교사례(KEMBA 직무연수결과)
181	김영준 외	무협 국제협력팀 참사	한-러 친선특급 참가결과
182	이영현	해외교포 무역인연합회(OKTA) 이사장	Mr. Korea의 캐나다 시장 성공기
183	김문성 외	무협 2002년 신입직원(6명)	신입직원 무역현장 파견실습교육 결과보고(1)
184	박병동 외	무협 2002년 신입직원(6명)	신입직원 무역현장 파견실습교육 결과보고(2)
185	오연호	인터넷 오마이뉴스 대표	인터넷언론과 한국사회
186	공동발표	무협 해외지부장 3명(뉴욕, 북경, 도쿄)	주요 교역국의 최근 시장동향과 우리의 대응방안
187	조명철	KIEP 연구위원, 前 김일성대 교수	북한 바로알기
188	현명관	삼성물산 일본담당 회장	한국기업의 경영환경과 경쟁력 강화를 위한 제언
189	예명지	㈜예명지 대표이사, 보석디자이너	밀레니엄 新名品, '보석'을 디자인한다
190	박정훈	SBS 교양국 차장('잘먹고 잘사는법'의 제작PD)	무엇이 진정 잘먹고 잘사는 것인가(직장인의 식사는 경쟁력의 원천)
191	허덕진	무협 FTA팀 조사역	벨지움 루벵대 직무연수 결과보고
192	임영철	법무법인 바른법률 변호사(前 공정거래위 국장)	대통령의 나라에서 국민의 나라로(The Next Korea)
193	박정부	㈜한일맨파워 대표이사(무역의 날 수상업체)	티끌모아 태산으로
194	박재갑	국립암센터 원장	건강은 직장인 최고 경쟁력
195	조건호	무협 부회장	새해를 맞이하는 우리의 다짐
196	현오석	무협 무역연구소장	2003년도 무역환경과 협회의 역할
197	김재우	㈜벽산 사장(협회 비상근부회장 업체)	누가 그래? 우리 회사 망한다고?
198	주선희	인상학자, 한국도교학회 이사	성공하는 직장인을 위한 인상학
199	유태성,박래춘	COEX 전시팀장	미국 UNLV대 직무연수 결과보고
200	최인호	소설가	소설「海神」과 장보고 정신
201	인샹슈어	중국 복단대 교수	돈에 대한 중국인의 시각 변화
202	김동기	고려대 명예교수	신정부 출범에 즈음한 무역업계의 역할과 대응
203	강만구	㈜IMAX 해외마케팅 이사(前 무협직원)	Post KITA 3년의 所懷
204	정명수	UPS 대한통운 대표이사	국제물류의 이해와 실제
205	김규동	㈜핸디소프트 수석부사장	e비즈니스와 지식경영
206	이도철	KTNET e통관사업팀장	수출입물류 정보화의 과거, 현재, 미래
207	김상준	KBS 아나운서실 실장	바람직한 토론문화와 언어표현
208	해외견문단원	대학생 해외견문단	대학생 해외견문단 활동 사례
209	한용섭	국방대학교 교수	이라크 전쟁평가와 북핵전망

회차	강사	소속	주제
210	송승환	PMC프로덕션 대표	'난타'를 통해본 문화상품의 해외진출전략
211	김명자	前 환경부 장관	환경경영과 무역업계의 대응
212	심재혁	㈜한무개발 대표, 호텔 인터컨티넨탈 사장	세계의 음주문화
213	고광석	무협 회원사업본부장	중국, 중국인, 중국경제
214	이창선	무협 경영팀 과장	무역협회와 전시컨벤션사업
215	박지원	패션 디자이너, 지원박 콜렉션 대표	패션강국 한국을 디자인한다
216	김종래	조선일보 편집국 부국장	유목민에게 배우는 21세기 경영전략
217	송송이	무협 직원(외통부 파견)	DDA협상의 이론과 실제
218	이용수	KBS 축구해설위원, 세종대 체육학과 교수	2002 월드컵 4강신화와 히딩크
219	김무한	무협 국제통상팀장	살면서 본, 미국, 미국의 힘
220	권문용	강남구청장	도시경쟁력이 국가경쟁력이다
221	김진애	서울포럼 대표이사	21세기에는 이런 집, 이런 도시에서 살고싶다
222	정윤세	무협 e트레이드팀 차장	E-KITA서비스와 고객만족
223	홍완기	홍진크라운 대표이사	세계최고의 헬멧기업 홍진크라운의 수출성공전략
224	정연아	IMAGE TECH 연구소장	고객감동을 위한 직장인의 이미지 메이킹
225	최용민	무협 동향분석팀 차장	돼지머리 위에 용 New Trend 국제통상
226	박재희	중국사회과학원 객원교수	손자병법을 통해서 본 21세기 리더십
227	원정혜	요가강사	요가를 이용한 직장인의 건강요법
228	최문규	㈜이바닥 CEO	사람들은 왜 새로운 것에 열광하는가?
229	이재현	무협 미주팀장	유럽을 통해서 본 동북아시아
230	홍수환	前 WBA 밴텀급 세계챔피언	목표를 향한 집념! 4전 5기의 신화
231	해외견문단원	대학생 해외견문단	제2기 해외견문단 결과보고
232	정문식	이레전자 대표	5평 창고의 기적
233	이인호	한국국제교류재단 이사장	러시아인들의 의식구조
234	이원복	덕성여대 교수	외국인이 본 한국, 한국인
235	후지타 토로	스미토모 상사 정보조사부장	일본종합상사의 한국 내 활동
236	전동석	COEX몰 팀장	유통의 변화와 COEX몰의 발전 방향
237	이강숙	한국예술종합학교 석좌교수	음악이란 무엇인가
238	전찬혁	세스코 전무이사	세스코의 서비스 경영
239	신입직원	2003년 신입직원	무역현장 OJT교육 결과보고
240	이승한	삼성테스코 대표이사	물류선진기업 삼성테스코의 기업문화
241	이희국	LG전자 전자기술원 사장	나노기술이 가져올 미래의 모습
242	이태형	한국아마추어천문학회 회장	별과 우주의 신비
243	서병문	한국문화콘텐츠 진흥원장	문화콘텐츠는 우리의 힘
244	조영호	아주대 교수	청개구리 기업문화
245	정국교	H&T 대표이사(무역의 날 1억불 수출탑수상)	무역의 날 1억불 포상업체

회차	강사	소속	주제
246	이석영	무협 부회장	새해를 맞으며
247	김병조	개그맨, 조선대학교 객원교수	명심보감에서 배우는 생활의 지혜
248	성태용	건국대학교 철학과 교수	주역과 21세기
249	현오석	무협 무역연구소 소장	2004년 경제 무역환경 변화 및 전망
250	서경석	고려대학교 객원교수	리더십! 무엇이 필요한가
251	이영석	총각네 야채가게 대표	총각네 야채가게에는 무언가 특별한 것이 있다
252	임향순	前 한국세무사협회 회장	직장인을 위한 세테크 전략
253	차중근	유한양행 대표이사	유한양행의 경영 시스템과 윤리경영
254	신재용	해성 한의원 원장	한방으로 보는 직장인의 건강요법
255	조 순	前 부총리	경제운용의 발상을 새롭게
256	허재원	경북대 교수(한자조기교육회 회장)	한자교육의 긴요성 문화교양
257	허성도	서울대학교 교수	우리 역사 새로 보기
258	정윤세	무협 eTrade팀장	전자무역의 현황과 과제
259	황대권	생태공동체운동센터 대표	야생초와 생태적 삶
260	배순훈	동북아중심추진위원회 위원장	동북아 시대 중심을 위한 무역의 역할
261	조천제	한국블랜차드컨설팅그룹 원장	칭찬리더십–칭찬은 고래도 춤추게 한다
262	정길화	MBC CP	정피디에게 듣는 방송 바로 보기
263	황우석	서울대 수의학과 교수	생명복제술의 국내외 현황과 전망
264	신창재	교보생명 대표이사	기업혁신, 비전경영, 변화관리
265	최윤희	카피라이터	행복학
266	유우익	서울대학교 교수	한반도의 지정학적 의미
267	김동호	부산국제영화제 집행위원장	부산국제영화제의 성공요인과 발전 방향
268	이강호	한국 그런퍼스㈜	다국적 기업의 경영철학
269	노명래	sogood경영연구소	양성평등의 사회를 위하여
270	박귀현	산업연구팀 차장	동경지부 귀국보고
271	황상민	연세대 심리학과 교수	대한민국 신인류 사이버
272	김대환	미래에셋 삼성역지점장	노령화/저금리시대의 자산운용
273	김정운	명지대 여가정보학과 교수	직장인을 위한 휴테크 전략
274	정인태	아웃백 스테이크 사장	서비스의 힘
275	이명옥	사비나미술관장	미술에 대해 알고 싶은 모든것
276	유홍준	명지대학교 교수	우리 문화유산 바로 보기
277	민승규	삼성경제연구소 박사	농업에서 배우는 혁신 사례
278	이수영	e-zen대표이사	나는 이기는 게임만 한다
279	신봉승	극작가	조선의 왕들에게 배우는 경영전략
280	조건식	통일부 차관	최근북한동향 및 남북경협 전망
281	박재희	한국종합예술대학 교수	노자에서 배우는 감성리더십

회차	강사	소속	주제
282	박재희	한국종합예술대학 교수	논어에서 배우는 인생철학
283	해외견문단원	대학생 해외견문단	대학생 해외견문단 결과보고
284	백롱민	서울대 분당 성형외과 박사	우리는 왜 휴가를 내서 베트남으로 가는가
285	신입직원	2004년 신입직원	무역현장 방문 결과보고
286	한의녕	SAP KOREA	Adaptive Enterprise(적응형기업)
287	방 열	경원대 교수	최강 팀웍을 위하여
288	정재승	KAIST 바이오시스템학과	과학콘서트
289	최광식	고려대학교 박물관장	중국의 고려사 왜곡과 우리의 대응
290	이휘성	IBM 수석부회장	IBM의 경영혁신 사례와 ON Demand 비즈니스로의 전환
291	고도원	CBS 라디오 진행자	꿈을 가진 사람은 언젠가 꼭 만난다
292	정우택	삼성물산 대표	종합상사의 과거, 현재, 미래
293	함성득	고려대학교 교수	대통령학
294	민성길	연세대 의료원 교수	건강한 음주문화와 직장인의 건강
295	최일도	다일선교회 대표	나눔의 참의미와 이웃사랑의 기쁨
296	최요셉	한국웃음연구소 소장	아듀 2004! 웃음으로 맞는 2005년
297	이덕기	CAP컨설팅 대표	주도적 자기혁신과 목표수립의 원칙
298	허영호	드림앤어드벤처 대표, 산악인	나의 끝없는 도전, 성공과 실패의 이야기
299	김재문	LG경제연구원 연구위원	2010 대한민국 트렌드
300	이명박	서울특별시장	세계 일류도시를 향한 서울시 정책
301	김병진	원광대 생명과학부 교수	개미박사에게 듣는 개미의 사회생활
302	박승대	스마일매니아 대표, 개그맨	준비없이 성공없다
303	지용희	서강대 교수	경쟁전쟁시대! 이순신을 만나다
304	이종선	이미지디지인컨설팅 원장	부드러운 카리스마 경영혁신
305	한원태	석수동 새마을금고 분소장	친절 하나로 이룩한 300억 신화 이야기
306	이해곤	매니푸니 대표이사	창의력과 발상의 전환
307	양성철	前 주미대사	부시행정부 2기 출범과 향후 한미관계
308	고 은	시인	우리 시 우리 문학
309	이시형	정신과 의사	직장인의 정신건강
310	김충훈	대우일렉트로닉스 대표	workout을 넘어 세계일류 디지털 기업으로
311	신용하	신용하의 독도이야기	신용하의 독도이야기
312	한상경	삼육대 교수	풀, 꽃, 나무 그리고 자연
313	유상부	포스코 고문	경영혁신 어떻게 할것인가 – 포스코 사례를 중심으로
314	김영기	공새미가족 대표	사랑과 희망을 전하는 공새미 사물놀이
315	조호균	인의향 요가원 원장	마음의 힘을 기르는 신체에너지 활용법
316	김석철	명지대 교수	희망의 한반도 프로젝트
317	혜국스님	충주 석종사 큰스님	불교와 생활

회차	강사	소속	주제
318	장윤경	한국성폭력연구소 자문위원	양성이 함께하는 즐거운 직장생활
319	김정인	중앙대 산업경제학과 조교수	에너지 전쟁시대의 대체에너지 활용방안
320	김성한	외교안보연구원 교수	북핵문제의 구조적 현황과 해법
321	금난새	경희대 음대 교수	하모니 리더십
322	이이화	역사학자	역사적 인물을 통해서 본 오늘날의 리더십
323	손명원	엠디세이버 회장	나는 다시 태어나도 경영자로 살고 싶다
324	홍순민	명지대 교수	우리 궁궐 이야기
325	강덕영	한국유나이티드제약 대표	일을 사랑하라
326	이정숙	한국 SMG 대표이사	직장인의 유쾌한 대화법
327	이범형	백산OPC 대표이사	중소기업의 경영혁신 전략
328	김언호	한길사 대표	문화예술로 경제만들기
329	최진실	현대자동차 영업사원	사력 – 고객만족의 4가지 힘
330	이희수	한양대 교수	이슬람 문화 바로알기
331	유현오	SK커뮤니케이션즈 대표이사	인터넷비즈니스와 혁신 – 싸이월드를 중심으로
332	이기동	성균관대 교수	곰이 성공하는 나라
333	김용운	한양대 교수	한일관계의 새로운 조명
334	이용찬	리&디디비 대표이사	시장을 움직이는 창의와 통찰
335	박인순	한국스파이렉스사코 대표	절정경영 & 감성리더십
336	강창희	미래에셋투자교육연구소장	저금리 고령화 사회의 직장인을 위한 자산운용
337	박재원	한국가치혁신실행연구소 고문	이것이 블루오션이다

공익을 경영하라

무역협회 사례로 본 경영혁신 리포트

초판 제1쇄 발행 2006년 2월 15일
초판 제5쇄 발행 2010년 11월 20일

지은이 구본형
펴낸이 정낙영
펴낸곳 (주)을유문화사

기획 정상준 | 편집 권오상 | 저작권 문혜정
마케팅 지은영 | 영업 허삼택, 김기완, 강정우, 윤석진
관리 김덕만 | 디자인 디자인 비따 | 인쇄 백왕인쇄 | 제본 우진제책

창립 1945년 12월 1일 | 등록 1950년 11월 1일(1-292)
주소 서울특별시 종로구 수송동 46-1
전화 734-3515, 733-8153 | FAX 732-9154 | E-Mail eulyoo@chol.com
ISBN 89-324-7098-7 03320
값 13,000원